GÉNÉRAL L'HOTTE

QUESTIONS ÉQUESTRES

Calme, en avant, droit.

PARIS
LIBRAIRIE PLON
PLON-NOURRIT ET Cie, IMPRIMEURS-ÉDITEURS
8, RUE GARANCIÈRE — 6[e]

1906

QUESTIONS ÉQUESTRES

DU MÊME AUTEUR, A LA MÊME LIBRAIRIE

Un Officier de cavalerie. **Souvenirs du général L'Hotte**. Un vol. in-16 avec un portrait. 3 fr. 50

LE Lt-COLONEL L'HOTTE
ÉCUYER EN CHEF DE L'ÉCOLE DE CAVALERIE
MONTANT *Laruns*, CHEVAL ANGLO-ARABE,
AU CARROUSEL DU PALAIS DE L'INDUSTRIE
LE 19 AVRIL 1866

GÉNÉRAL L'HOTTE

QUESTIONS ÉQUESTRES

Calme, en avant, droit.

PARIS
LIBRAIRIE PLON
PLON-NOURRIT ET Cie, IMPRIMEURS-ÉDITEURS
8, RUE GARANCIÈRE — 6^e

1906

Le général L'Hotte dit, quelque part, dans ses *Souvenirs*, que, rarement, il descendit de cheval sans noter aussitôt les réflexions que lui suggéraient « ces entretiens avec son meilleur compagnon ». Les nombreux cahiers que, au cours de sa longue existence, il a couverts ainsi d'une écriture fine et serrée, contiennent donc le résultat de soixante années de pratique et d'étude.

Sur le premier en date de ces cahiers sont inscrites les notes que l'adolescent de quatorze ans, déjà passionné pour le cheval, prenait à la suite de ses leçons avec le commandant Dupuis (1). Le dernier, qui se

(1) *Un officier de cavalerie,* Souvenirs du général L'Hotte. Plon-Nourrit, Paris, 1905.

termine en octobre 1894, renferme les observations que le vieil écuyer, alors septuagénaire, consignait encore, après avoir monté solitairement, dans son petit manège de Lunéville, ses derniers chevaux : *Glorieux*, *Domfront*, *Insensé*. Des cahiers entiers sont consacrés aux enseignements de d'Aure et de Baucher.

De cette accumulation de précieux matériaux, le général L'Hotte avait extrait les éléments d'un ouvrage considérable sur l'équitation. Retranchant de cet ouvrage tout ce qui ne lui semblait pas d'une absoluee nécessité, il le réduisit au petit livre que nous présentons aujourd'hui au public. Ces deux cents pages contiennent donc l'essence même de la doctrine du célèbre écuyer.

En quelques formules lumineuses, il définit les principes de son art; il indique, en trois mots, les buts à poursuivre; et, sans se perdre dans l'exposé des moyens à employer pour les atteindre, moyens « qui varient à l'infini », il se borne à déterminer quelques directions très nettes.

De cet ensemble de principes, de buts à poursuivre et de procédés d'exécution se dégage une méthode simple et claire, ennemie de toute complication, basée sur le bon sens et le tact équestre.

Le général L'Hotte entremêle ses enseignements de considérations générales sur l'art qui fit le bonheur de sa vie. Certaines pages, dans lesquelles il résume les méditations qui occupèrent si souvent son esprit, constituent une véritable philosophie de l'équitation. Tel, le chapitre où, après une comparaison magistrale entre l'équitation et les autres arts, il explique pourquoi, de tout temps, les écuyers de valeur furent rares et formèrent peu d'élèves.

C'est l'équitation savante qui tient la plus

large place dans cet ensemble de « questions équestres », mais les autres genres ne sont pas oubliés, et le chapitre relatif à l'équitation militaire, malgré sa brièveté, est fécond en utiles leçons. Au moment où l'adoption du service de deux ans va rendre si difficile le rôle de l'officier de cavalerie, il est bon de connaître l'extrême simplicité que l'auteur du Règlement de 1876 préconisait dans les procédés d'instruction.

Au cours de son travail, le général L'Hotte jette un coup d'œil d'ensemble sur les différentes méthodes de dressage. Avec la sereine impartialité, la parfaite équité qui le caractérisaient, il n'en condamne aucune.

Ce sera, peut-être, une déception pour certains, qui s'attendaient à trouver dans cet ouvrage un recueil de « recettes » infaillibles pour faire de tous les chevaux des merveilles de légèreté et de tous les cavaliers des écuyers accomplis. C'est le cas de se rappeler l'anecdote racontée par Gaspard Saunier et rapportée dans les *Souvenirs* du général L'Hotte :

« Je me souviens qu'un des premiers seigneurs de France, conduisant son fils chez M. Duplessis, qui était alors à la tête de tous les célèbres écuyers que j'ai nommés, je me souviens, dis-je, que ce seigneur lui dit, en l'abordant : « Je ne vous amène pas mon « fils pour en faire un écuyer, mais je vous « prie de vouloir bien lui enseigner à bien « accorder ses jambes et ses mains avec la « pensée de ce qu'il voudra faire faire à son « cheval. » M. Duplessis lui répondit devant moi, qui avais l'honneur d'être alors un de ses disciples : « Monseigneur, il y a environ « soixante ans que je travaille pour ap- « prendre ce que vous me faites l'honneur « de me dire ; et vous me demandez là pré- « cisément tout ce que j'ambitionne de « savoir. »

Le général L'Hotte, qui savait combien de cavaliers, même parmi les professionnels, ressemblent au « seigneur » dont parle Gaspard Saunier, n'a pas manqué de s'élever contre cette tendance; et nous ne pouvons mieux conclure cette courte introduction qu'en citant les paroles par lesquelles l'auteur des *Questions équestres* termine son exposé des différentes méthodes de dressage :

« Aucune méthode, quelque logique et « bien ordonnée qu'elle puisse être, ne sau- « rait donner des résultats infaillibles; toute « action équestre exigeant, pour obtenir « l'effet qu'on en attend, ce qu'aucun écrit « ne saurait donner : *l'à propos et la mesure*, « autrement dit *le tact équestre*. Ici surtout, « on peut dire : Tant vaut l'homme, tant « vaut le moyen. »

QUESTIONS ÉQUESTRES

CHAPITRE PREMIER

Enseignement. — Principes ; doctrines ; moyens ; méthode. Variété dans l'application des procédés d'instruction. — Parler peu, mais à propos. — Chaque art a un langage qui lui est propre. — Désaccord entre les langages équestre et scientifique. — L'art ne s'apprend pas dans les livres. — Buts à poursuivre : *Calme ; En Avant ; Droit*. — Caractère de la légèreté.

C'est sous l'inspiration de mes deux illustres maitres, Baucher et d'Aure, et en m'éclairant aussi d'une longue expérience, aujourd'hui mon partage, que je vais aborder quelques questions équestres.

En équitation, il faut savoir beaucoup pour pouvoir en bien enseigner même les éléments.

Au savoir l'écuyer doit joindre l'intelligence, la volonté et, avant tout peut-être, le sentiment propre à son art, aussi utile pour le guider dans son enseignement que dans sa pratique personnelle.

Dans son enseignement il doit distinguer :

Les *Principes*, bases fondamentales de l'art, établies par l'expérience et justifiées par le raisonnement;

La *Doctrine*, qui trouve son expression dans les théories découlant de l'ensemble des principes reliés entre eux;

Les *Moyens*, qui sont les procédés d'exécution;

La *Méthode*, qui unit aux préceptes les moyens et règle l'ordre de leur emploi.

Les moyens, servant à l'application des principes, ne sauraient être fixés d'une façon invariable, soit qu'il s'agisse du cavalier, soit qu'il s'agisse du cheval.

La conformation, et aussi le caractère du cavalier, la nature propre à chaque cheval, demandent fréquemment, dans l'emploi des moyens, des tempéraments ou des modifications que le savoir et l'expérience du maître peuvent seuls lui faire saisir.

Il faut aussi, qu'aidé de son jugement, qui d'ailleurs doit toujours le guider dans sa pratique personnelle comme dans son enseignement, il sache choisir, parmi les préceptes, ceux qui peuvent être appliqués par l'homme qu'il instruit, ou qui répondent à l'emploi auquel le cheval en dressage est destiné.

Quel que soit cet emploi, le point de départ de l'obéissance du cheval est le même. Il ne saurait, évidemment, se trouver dans le désir de nous être agréable, et encore moins dans l'accomplissement du devoir. Il réside uniquement dans l'instinct de conservation de l'animal, qui le porte à éviter la douleur, en répondant à l'avertissement venant des agents qui peuvent la provoquer et, au besoin, la produiraient jusqu'à l'obtention de l'obéissance. Nos moyens de domination n'ont pas d'autre base.

Leur empire s'incruste chez le cheval à l'aide de la mémoire, cette faculté de se souvenir, que le cheval possède à un haut degré, et qui le conduit à discerner, dans les impressions qu'il reçoit des aides, les nuances si variées que comporte leur langage.

C'est à lui, qu'en principe, le cheval doit obéir, et non à la routine, à laquelle il n'y a lieu de faire appel que lorsqu'il s'agit d'un dressage élémentaire, appliqué au cheval destiné à obéir à toutes mains.

La routine est le résultat de nombreuses répétitions de mouvements, exécutés toujours dans un même ordre, qui fait que, en ayant contracté l'habitude, le cheval les exécute de lui-même, et parfois à l'encontre de la volonté de son cavalier.

Pour y parer — et cela est indispensable lorsque le dressage a des visées un peu élevées — il faut varier constamment l'ordre des mouvements et ne jamais permettre au cheval d'en prendre l'initiative.

L'exécution ne doit alors se faire qu'au commandement des aides, le cheval étant maintenu dans leur respect plutôt encore que dans leur crainte, et, ici, il appartient à leur langage seul, non plus à la routine, de présider à l'obéissance du cheval, qui, d'autre part, et quel que soit le but du dressage, se trouve influencée par le moral du sujet, son tempérament, son degré de sang, sa conformation.

Le moral du cheval est la source d'où émane sa prédisposition à nous livrer ses forces ou, au contraire, à les retenir. De là, les chevaux francs, généreux ou, au contraire, rétifs, ramingues.

Son tempérament lui fait apprécier, de façons variables, le toucher des agents appelés à le gouverner. Ici, le cheval chatouilleux est à signaler d'une manière particulière.

Son degré de sang, point de départ de l'énergie et de l'élasticité de ses actions, est établi par son origine, qui le rapproche plus ou moins des races supérieures, arabe ou anglaise de pur sang. On peut dire, sans grande exagération, que, chez le cheval destiné à la selle, la noblesse du sang remplacera presque tout ce qui pourra lui manquer, tandis que rien ne saurait la remplacer. Ceux-là seuls qui en sont dotés sont d'acier; les autres, les chevaux communs, ne peuvent être que de fer.

La conformation est jugée à l'aide des connaissances que tout vrai cavalier doit posséder sur l'extérieur du cheval, la distribution de son poids, dont la bonne répartition est indispensable à la régularité de ses allures, à la facilité de sa conduite.

Le cheval de selle devant être célère, la légèreté est l'une des conditions primordiales qu'il doit remplir, sa mobilité étant, en principe, en raison inverse de son poids.

Il n'en est pas autrement chez l'homme. On ne voit pas d'hercules, de lutteurs, ces hommes à constitution athlétique, avoir leur place parmi les gymnastes. Leur poids s'y oppose, en prenant la prédominance sur leurs puissances musculaires, malgré ses développements.

Le cheval lourd, en perdant sa mobilité, perd aussi son individualité, et on peut dire que, à moins d'être doués de hautes qualités, sous la selle tous les lourds chevaux se ressemblent.

Il en est autrement des chevaux légers, dont l'individualité se conserve, même lorsqu'ils n'ont pas de grandes qualités en partage.

Le cheval de selle de gros poids trouve cependant sa place pour monter les cavaliers pesants; toutes choses égales d'ailleurs, le cheval portant d'autant plus facilement son cavalier que la surcharge qui en résulte, comparée au propre poids du porteur, est moins considérable.

Les doctrines équestres, de même que les

moyens pratiques qui s'y rapportent, peuvent être traitées sans que la concision préside à leur exposé. Mais il n'en est pas ainsi des principes qui en forment l'essence.

Tout principe doit être exprimé en quelques mots, n'ayant pas de synonymes; ou bien, alors, il n'a pas trouvé sa véritable formule.

L'écuyer ne parvient à cette concision qu'à l'aide de mûres réflexions ayant marché longtemps d'accord avec une persévérante et intelligente pratique.

C'est dans celle-ci, et non dans des recherches spéculatives, que l'écuyer doit trouver ses inspirations. De cette source seule peuvent découler des principes, vraiment utiles à l'emploi du cheval et présentant le caractère de permanence qui doit les consacrer.

Au cours de son enseignement pratique — qu'il s'agisse de l'instruction du cavalier ou du dressage du cheval, — l'écuyer doit être sobre de paroles, signaler clairement le but à atteindre, et ne jamais poursuivre deux buts à la fois.

Ainsi en était-il des grands maîtres, des d'Abzac, des d'Aure, des Baucher. Tout en sachant beaucoup, et par cela même, dirai-je, ils parlaient peu, mais savaient parler à propos.

Là est la difficulté; là se trouve caractérisé le talent du vrai maître.

Il sait aussi trouver des expressions faisant image. Peut-être ne sont-elles pas toujours irréprochables aux yeux du puriste; mais peu importe, car, du moment où elles sont saisissantes, bien mieux que le langage le plus correct, les expressions faisant image sont propres à éclairer le sentiment du cavalier.

Chaque art a un langage qui lui est propre et n'a que rarement à faire des emprunts aux langues scientifiques.

L'art équestre se trouve même parfois,

dans son langage, en désaccord avec les principes que la science consacre.

Ainsi en est-il de « la force » qui, en équitation, s'applique uniquement à l'action musculaire, et jamais au poids de la masse, alors que celui-ci, en mathématiques, représente également une force.

Je dirai aussi que, à mon avis, lorsque la répartition du poids, ses translations, ont à intervenir dans ses démonstrations, l'écuyer doit éviter de parler du centre de gravité; d'abord, parce qu'ici le point qu'il occupe n'est pas fixe comme dans les corps inanimés, sa position variant sans cesse chez l'animal par suite des manifestations de la vie; puis, parce que les démonstrations équestres ne doivent pas reposer sur une pointe d'aiguille, l'art demandant d'être traité d'une manière plus large, plus pratique, plus saisissable pour tout le monde.

L'intervention du centre de gravité dans les questions équestres pourrait aussi ouvrir la voie aux démonstrations mathématiques. Or celles-ci, par suite de ce qu'elles ont de positif, d'absolu, sont peu applicables à l'équitation, car la nature ne nous divulguera jamais tous ses secrets et le cheval nous réservera éternellement des nouveautés, des surprises, ressortant de la vie même.

Le langage équestre ne peut non plus présenter l'uniformité qui se rencontre dans le langage scientifique, celui-ci reposant sur le raisonnement, tandis que le premier s'imprègne profondément du sentiment personnel à l'écuyer. D'où il résulte que l'équitation, surtout dans ses parties synthétiques, peut être exposée dans des termes, et aussi sous un aspect, qui deviennent le propre de l'écuyer — de l'écuyer d'expérience et de savoir s'entend, — quelles que soient d'ailleurs l'école d'où il est sorti, la valeur des maitres qui l'ont instruit.

Chez l'écuyer qui débute dans l'enseignement, la prolixité est habituelle. Il est porté à dire tout ce qu'il sait, et aussi à faire de la science là où elle n'est pas de mise, son intervention n'apparaissant souvent que pour masquer le manque de connaissances pratiques.

Ce n'est que par la suite que la concision et la simplicité pourront se rencontrer dans le langage de l'écuyer, alors qu'il aura su tirer l'essence de ses connaissances agrandies.

Les livres traitant de l'équitation n'ont vraiment d'utilité que pour le cavalier déjà complètement familiarisé avec la pratique du cheval. L'art ne s'apprend pas dans les livres, qui n'instruisent guère que ceux qui savent déjà.

Quant aux théories équestres plus ou moins savantes, c'est à l'écuyer qu'il appartient de les posséder. Elles lui sont utiles pour l'éclairer complètement dans la pratique de son art et le perfectionner dans son enseignement, tout en le mettant à même d'aborder toute discussion s'y rapportant.

Mais on peut poser en principe que les théories savantes, quelles qu'elles soient, ne sauraient demeurer présentes à l'esprit du praticien, lorsque, se trouvant en pleine exploitation du cheval, il est aux prises avec sa monture.

Pour diriger le cavalier d'une manière constante dans sa pratique, il lui faut d'autres guides plus simples.

Il les trouvera dans la succession des buts à poursuivre, parce que, simples à envisager et peu nombreux, ils peuvent être toujours présents à son esprit.

Quant aux moyens à employer pour les atteindre, ils varient à l'infini et comprennent presque tout l'art équestre.

Ces buts peuvent s'exprimer en trois mots : *calme*, *en avant*, *droit*. Pour le cavalier peu habile, au lieu de *droit*, je dirai : *direction*.

L'ordre, dans lequel ces trois buts doivent être poursuivis, est invariable, absolu, et il ne faut rechercher le suivant qu'après avoir atteint le précédent.

Pour que le cheval puisse apprécier nos actions, y répondre avec justesse, il faut, avant tout, qu'il soit calme et confiant.

Chacun n'a qu'à faire appel à ses souvenirs, pour être assuré que tout travail entrepris sur un cheval irrité, impatient, inquiet, préoccupé de ce qui l'entoure ou en crainte de son cavalier, ne peut être que mauvais.

Ce premier but, comparé aux deux suivants, offre ceci de particulier qu'il doit être atteint complètement, quel que soit le degré de soumission qu'on veuille, par la suite, imposer au cheval.

Le cheval étant calme et confiant, il faut qu'il nous livre ses forces impulsives pour que nous puissions ensuite les exploiter.

La franchise de la marche en avant en est le premier témoignage et caractérise le but offert au cavalier qui ne veut soumettre son cheval qu'à peu d'exigences.

Le résultat sera obtenu, lorsqu'au premier appel des talons le cheval répondra en étendant son action, ses forces coulant et se maintenant en avant, sans que les mouvements gagnent sensiblement en élévation.

C'est ainsi que le cheval pourra être mis franchement dans le mouvement en avant, même en marchant au pas; tandis que les allures vives ne donneraient pas ce résultat, si le trot, au lieu d'être franc et délibéré, gagnait en hauteur plutôt qu'en étendue, et si, au lieu de s'étendre, en prenant le galop, le cheval revenait sur lui.

C'est donc dans la manière dont l'allure, qu'elle soit lente ou vive, se présente, et non dans les allures vives elles-mêmes, que se trouve le témoignage que le cheval nous livre ses forces impulsives, et de façon à suffire aux exigences de l'équitation courante.

Mais, pour le cavalier qui a de hautes visées, le but ne sera atteint que du jour où, au cours de tout mouvement, dans toute situation, le cheval témoignera le désir de se porter en avant. Il doit en être ainsi, même du sauteur dans les piliers, et sans que, pour cela, il pousse sur les cordes qui le contiennent.

Tant que le cheval reste un instant sur les jambes, lorsqu'on veut le déterminer en avant, au lieu de se montrer coulant et comme insaisissable dans les jambes; tant que, dans la transition d'une allure vive au pas, il revient sur lui, ralentissant cette dernière allure, au lieu de l'activer aussitôt prise; tant que les hanches ne dévient pas sous la plus légère pression de l'un ou l'autre talon, que, dans la marche de deux pistes, la croupe est lourde, paresseuse, et que le cheval marque un instant d'hésitation pour se porter droit devant lui; tant qu'il se couche dans la volte, ne passe pas instantanément de la volte sur les hanches, de la pirouette soit sur les épaules, soit sur les hanches, à la marche directe; tant qu'il marque un temps d'arrêt pour passer du reculer au mouvement en avant, qu'il ne se porte pas droit devant lui, sans y être sollicité, à l'instant même où cessent les actions déterminant le reculer, le but n'est pas complètement atteint. Les hanches, ce foyer des forces impulsives, qui doivent s'animer, vibrer sous la plus légère pression des talons, ne sont pas suffisamment agissantes, *diligentes*, suivant l'expression de La Guérinière.

Dans le cours du travail, le jeu actif des hanches doit donc se montrer constant. Jamais les hanches ne doivent se présenter inertes, paresseuses, les forces se fixant sur elles. Toujours le cavalier doit sentir les forces passer en avant, ou toutes disposées à le faire, si une autre direction leur était donnée.

La diligence des hanches a sa répercussion sur l'ensemble du cheval, dont elle provoque l'animation. Chez lui, tout s'enchaîne, et ses ressorts, dont aucun ne saurait demeurer inerte sans devenir un germe de résistance, se trouvent alors tous incités à se montrer vivants et à entrer en action au premier appel des aides.

Lorsque l'activité des hanches ne laissera plus rien à désirer, le cheval, par son attitude, et en toutes circonstances, semblera dire : « C'est en avant que je veux aller. »

Le fonctionnement parfait des forces impulsives ne peut évidemment être obtenu qu'à la longue, mais ce qui importe, dans la marche progressive du dressage, c'est que la préoccupation de l'impulsion prenne toujours le pas sur les exigences qui vont suivre.

Le cheval étant calme et nous livrant ses forces, il s'agit de les régir.

Ici, deux manières de faire se présentent, selon que le cavalier est plus ou moins habile.

Si le cavalier est peu habile, c'est par la répétition des changements de direction, et des mouvements en général, qu'il parviendra à plier le cheval à ses exigences.

Cette manière de faire doit aussi être employée par tout cavalier qui veut limiter le dressage à l'emploi usuel du cheval.

Par suite, il n'y a pas lieu de faire appel aux procédés qui ont en vue la perfection dans l'exécution.

Il importe surtout ici d'agir sur la masse, en établissant la balance entre les forces qui chassent en avant et celles qui modèrent.

Suivant la construction du cheval, le poids sera renvoyé là où il est nécessaire pour arriver à sa bonne distribution.

La régularité des allures en découlera et les changements de direction seront obtenus en engageant la masse, qui n'a guère à céder que dans son ensemble, dans la direction à suivre.

Les mouvements à envisager, étant simples, en petit nombre, ne comportent, par suite, que peu de modifications dans l'équilibre de la masse et n'exigent, par conséquent, qu'une flexibilité limitée des ressorts.

Il serait, dès lors, superflu de s'attarder dans l'exercice de procédés ayant en vue la complète soumission de tous les ressorts.

Le but sera atteint, du moment où, sans efforts marqués de la part du cavalier, les forces déterminant le mouvement recherché l'emporteront sur les forces contraires; une position rigoureusement exacte n'étant pas à ambitionner ici.

Avec ce but en vue, s'il s'agit de marcher sur le droit, il importe peu au cavalier que l'encolure ou les hanches ne soient pas exactement sur la ligne à suivre, du moment où le cheval, dans son ensemble, n'en dévie pas.

Mais il en est autrement de l'écuyer qui veut mener loin le dressage. Pour lui, c'est sur la recherche du cheval rigoureusement droit, de la tête aux hanches, que doit reposer son travail.

En principe, la domination du cheval sera complète, du moment où le cavalier pourra placer, maintenir les différentes régions de l'animal dans une direction exactement déterminée et la reprendre avec facilité après tout mouvement exigeant que le cheval s'en écarte.

Or, la ligne droite, s'étendant de la tête aux hanches, a été choisie pour cette direction, non seulement parce qu'elle répond à la marche habituelle du cheval et sert de trait d'union pour relier les différents mouvements, mais encore parce qu'elle présente une base d'autant mieux assurée qu'elle n'admet pas de degrés comme la ligne courbe, qu'elle est une et déterminée de la manière la plus absolue.

En outre, lorsque le cheval est droit, les pieds de derrière suivant exactement les lignes tracées par les pieds de devant, il s'ensuit que les hanches et les épaules se présentent dans des conditions qui assurent la rectitude de leur jeu réciproque.

Les deux hanches fonctionnant également,

la distribution du poids est régulière. Ses translations sont faciles, les forces qui émanent des deux bouts du cheval n'éprouvant dans leur jeu combiné aucune contradiction et fonctionnant toutes vers un but commun : la marche directe, pour laquelle le cheval se trouve alors accordé, ou, si l'on veut, ajusté, aligné, harmonisé ; ces diverses expressions ayant toutes même signification.

Mais si, marchant sur le droit, les hanches sortent de la ligne suivie par les épaules, on voit disparaitre, à la fois, le rapport harmonique qui existait entre les forces de l'arrière et de l'avant-main, la juste répartition du poids, l'égale facilité que présentaient les diverses directions à prendre, et l'on verra les hanches former arc-boutant en opposition aux épaules. Enfin, il en sera alors du cheval comme d'un instrument à cordes qui aurait perdu l'accord.

Dans le cours du travail, les positions commandant les différents mouvements seront d'autant plus justes qu'elles s'écarteront moins de la position droite. Moins l'écart sera sensible, plus parfaite sera l'exécution; plus facile deviendra la succession rapide des mouvements les plus variés, même contraires. C'est alors que, pour le spectateur, le cheval semblera se mouvoir avec la légèreté de l'oiseau.

Pour l'écuyer, tout travail juste, aisé et brillant, repose sur le cheval droit et les hanches vibrantes, donnant finalement ce résultat qui doit être constamment ambitionné : *Le cheval allant et se maniant comme de lui-même.*

Cette perfection d'exécution a pour point de départ — on ne saurait trop l'affirmer — la constance dans l'énergie de l'impulsion.

Si l'impulsion vient à faiblir, en même temps s'amoindrit le secours indispensable qu'elle doit donner aux procédés ayant en vue et le cheval droit et les positions commandant les différents mouvements.

Non seulement la base, sur laquelle ces procédés prennent leur appui, se trouve ainsi atteinte, mais encore, et tout naturellement, l'exécution qui suit subit les conséquences de l'affaiblissement de l'impulsion.

La marche perd alors sa franchise pour devenir incertaine, douteuse, traînante. Les mouvements n'ont plus ni élasticité, ni éclat. Toute exécution devient molle et tardive.

D'une manière générale, les conséquences du manque d'impulsion s'étendent à toutes les actions du cheval, qui ne se présentent plus qu'appauvries, à tous ses moyens de conduite, quels qu'ils soient, et qui bientôt ne trouveront même plus sur quoi s'exercer.

Pour tout dire en deux mots : plus d'impulsion, plus de cheval.

Il est à remarquer que la recherche de la position droite, comportant le redressement de toutes les fausses inflexions et inclinaisons qui peuvent se produire de la tête aux hanches, tarit, par cela même, les principales sources des résistances que les ressorts peuvent présenter.

Mais *la légèreté*, dont le caractère réside dans *la flexibilité élastique et moelleuse de tous les ressorts*, ne pourra être acquise qu'après la disparition complète des résistances, c'est-à-dire de toutes les contractions inopportunes.

Tout en supposant ce résultat obtenu, il faut bien se convaincre que la légèreté, cette pierre de touche de l'équitation savante, ne se maintiendra dans le cours du travail, qu'à l'aide de l'harmonie que le cavalier saura établir dans le jeu des forces, alors sous sa dépendance.

Ceci demande explications et me porte à élargir d'abord la question.

CHAPITRE II

Définition de l'art équestre. — Sur quoi repose la soumission du cheval. — Combinaison de l'impulsion et de la flexibilité des ressorts chez le cheval de course, le cheval de campagne, le cheval d'armes, le cheval de haute école — le *Ramener*, le *Rassembler*. — Leur perfection se trouve dans une position-mère : *le Cheval droit.*

Envisagée d'une manière générale, l'équitation est l'art de régir les forces musculaires du cheval.

Cette définition trouve sa justification dans les considérations qui suivent.

La force — autrement dit l'action musculaire — et le poids propres au cheval sont les deux éléments exploités pour le gouverner, réserve étant faite de la part à donner ici au moral de l'animal.

Il est donc nécessaire que la force et le

poids convergent vers un même but, en marchant d'accord.

Mais, la masse étant inerte par elle-même, ses translations sont subordonnées à la force, d'où il résulte que le bon emploi de celle-ci donnera la bonne distribution du poids.

C'est ainsi que se justifie la définition que j'ai donnée de l'art équestre.

Et, pour compléter la démonstration, j'ajouterai que nous serons maîtres de régir la force, ou, si l'on veut, les puissances musculaires, du moment où nous aurons su marier intimement l'impulsion à la flexibilité élastique des ressorts.

Si l'on passe en revue les différentes affectations que peut recevoir le cheval de selle, on verra que, pour toutes, sa soumission repose sur la flexibilité de ses articulations — disons de ses ressorts, car ce sont de véritables ressorts vivants — obtenue conjointement avec l'impulsion, qui est l'essence même du mouvement.

Quel que soit le service auquel le cheval est destiné, la réunion de ces deux éléments de sa soumission est indispensable, comme donnant la marche et les moyens de la diriger. Seulement, ils se combinent dans des proportions différentes, suivant le genre de service auquel le cheval doit satisfaire.

Ainsi, chez le cheval de course, c'est l'impulsion qui l'emporte, et de beaucoup. Elle doit pouvoir être portée à son paroxysme, tandis que la flexibilité des ressorts est suffisante, du moment où elle donne la possibilité de régler le train, de prendre de larges tournants, d'obtenir l'arrêt à l'aide d'un ralentissement progressif.

Chez le cheval destiné à l'équitation de campagne, c'est encore l'impulsion qui doit l'emporter, mais dans des proportions moindres; tandis que la soumission des ressorts doit, au contraire, dépasser sensiblement celle qui suffit au cheval de course, en raison des applications plus variées que comporte l'équitation de campagne.

Il en est du cheval d'armes comme du précédent, mais en élevant à un degré supérieur les exigences, par suite des nécessités plus nombreuses et plus impérieuses qui pèsent sur lui.

Quant au cheval de haute école, l'impulsion et la flexibilité des ressorts doivent s'équilibrer chez lui d'une façon telle que la prédominance n'appartienne pas plus à l'une qu'à l'autre.

Il est à remarquer que, chez le cheval de campagne, le cheval d'armes, le cheval de course surtout, si l'on restreint dans des limites un peu serrées la marche en avant, l'impulsion cesse de fonctionner ; elle s'éteint par suite de la flexibilité imparfaite des ressorts.

Tandis que, chez le cheval de haute école, quelque restreint que soit le mouvement, les forces impulsives conservent leur activité ;

leur jeu ne subit jamais d'arrêt, parce qu'il se marie complètement à la flexibilité des ressorts qui, ici, doit être parfaite.

Cette perfection dans le fonctionnement des ressorts ne peut être acquise qu'après avoir discipliné, façonné les muscles, ou, si l'on veut, les cordes qui les font mouvoir, et les avoir accordés dans leurs actions combinées.

Cet accord trouve deux de ses applications essentielles, et en suivant l'ordre qui doit régler leur recherche :

1° Dans le *Ramener*, caractérisé par l'attitude soutenue et l'élasticité que le bout de devant doit présenter dans ses différentes régions pour assurer son bon fonctionnement ;

2° Dans le *Rassembler*, caractérisé par la flexibilité des hanches, entraînant l'engagement des jarrets sous la masse ; les différents degrés de cet engagement répondant à la nature du mouvement recherché.

Mais tout se tient, se relie et s'enchaîne

chez le cheval. Ainsi en est-il du *Ramener* et du *Rassembler*, et leur perfection se trouve dans une source commune, une position-mère, qui est donnée par *le cheval droit*, dont j'ai déjà parlé et dont je parlerai encore.

CHAPITRE III

Équitation savante. — Définition de la *légèreté*. — La légèreté est la caractéristique de l'équitation savante, que les mouvements soient simples ou compliqués. — La force et le poids du cheval sont les deux éléments exploités pour le gouverner. — Ce que constate la position droite.

Ceci dit, il va s'agir spécialement, dans ce qui suit, de l'équitation savante, c'est-à-dire des exigences les plus grandes et les plus délicates, à la fois, auxquelles le cheval puisse être soumis.

Lorsqu'à la flexibilité des ressorts, à leur élasticité moelleuse, l'impulsion s'unit intimement, l'extension des allures s'obtient avec autant de facilité que leur raccourcissement ou leur élévation. Le cavalier a le pouvoir de jouer, en quelque sorte, avec les forces du cheval dont toutes les inflexions et inclinaisons lui sont soumises.

Le cheval se présente alors comme un instrument docile auquel on peut demander tous les mouvements que comporte son organisation, tous les airs de manège que l'imagination des écuyers a pu enfanter.

Si la soumission du cheval se caractérise par la flexibilité de ses ressorts que l'impulsion anime; d'autre part, le maintien de cette flexibilité dans le cours du travail est la preuve du juste emploi que le cavalier sait faire de ses aides, de leur complet accord avec l'organisation du cheval.

De la flexibilité des ressorts que doit présenter le cheval dressé, en vue de l'équitation savante s'entend, et de la justesse des actions du cavalier qui le monte, découle ce qu'on est convenu d'appeler *la légèreté*, c'est-à-dire la parfaite obéissance du cheval aux plus légères indications de la main et des talons de son cavalier.

La légèreté caractérisant donc, en même temps, l'état du cheval parfaitement mis et la rectitude des moyens employés pour le conduire, il s'ensuit que l'expression « légèreté » s'applique à la fois au dressage du cheval et au talent du cavalier. Elle en est le critérium.

Que le cheval résiste de quelque part, que sa soumission ne soit pas complète, et la résistance se manifestera par la tension de certains ressorts, dont la conséquence sera une altération de la légèreté.

Il en sera de même, non seulement dans le cas où le manque d'accord entre le cavalier et le cheval provoquerait chez celui-ci une résistance, mais encore si le cavalier ne sait pas éveiller et entretenir le jeu des forces propres à chaque mouvement et qui en assurent l'harmonie.

D'où il suit que la légèreté — la légèreté parfaite s'entend — trouve sa formule dans *la mise en jeu par le cavalier et l'emploi que fait le cheval des seules forces utiles au mouvement envisagé;* toute autre manifestation des forces produisant une résistance, et, partant, une altération à la légèreté.

Mieux donc le cheval aura été dressé et plus habile sera le cavalier qui le monte, plus complète sera la légèreté.

Dès lors, on reconnaîtra que si la haute école est l'expression du cheval le mieux dressé et le mieux monté, si elle représente l'application la plus élevée de l'art, elle ne saurait prêter son nom à des mouvements, quelque brillants qu'ils puissent être, du moment où ils s'exécutent sans être accompagnés de la légèreté.

La marque de la haute école, de l'équitation savante, artistique, haute équitation, comme on voudra l'appeler, se trouve donc, non dans des mouvements plus ou moins extraordinaires, mais dans la parfaite légèreté ; que les mouvements soient simples ou compliqués.

La légèreté trouve, avant tout, son témoignage dans la soumission de la mâchoire, qui est le premier ressort recevant l'effet de la main, et sa soumission est mise en évidence lorsqu'elle répond avec moelleux à l'action sollicitant son jeu.

La mobilité de la mâchoire ne constate pas seulement sa soumission ; la flexibilité de cette région va plus loin, en provoquant celle de l'encolure, puis des autres ressorts, par suite de la corrélation existant instinctivement entre toutes les contractions musculaires.

Par le fait même de cette corrélation, les résistances se soutenant mutuellement, il en résulte que la résistance de la mâchoire, si elle se produisait, aurait sa répercussion sur les autres régions, et *vice versa*.

De ces considérations découle l'importance toute spéciale qu'il y a lieu d'accorder à la soumission de la mâchoire, comme témoignage de la légèreté.

Il faut que son détachement moelleux, qui

peut n'être qu'un léger murmure, se produise, au cours du travail, au premier appel de la main, pour cesser dès qu'il n'est plus provoqué.

Ayant recours à l'image, je dirai que le cheval qui satisfait à la légèreté ne doit être ni muet, ni bavard.

Le bon emploi des forces, que la légèreté constate, entraînera la bonne répartition du poids, et de l'équilibre qui en sera la conséquence découlera l'harmonie des mouvements.

La position droite, en constatant l'exactitude de la balance que se font les forces antagonistes et, par suite, l'exacte distribution du poids, assure l'harmonie des mouvements, lorsque le cheval marche sur le droit. Il s'agit de la conserver dans les divers changements de direction qui se présentent au cours du travail.

Ils devront donc s'opérer de façon à ne porter aucune atteinte à la légèreté, ce critérium du juste emploi des forces.

CHAPITRE IV

Disposition des hanches. — Le cheval *Amerah*. — *Cheval droit, disposition des hanches* : c'est l'alpha et l'omega de l'équitation savante. — L'équitation de campagne et la disposition des hanches. — Dans les hanches se trouve le grand foyer des résistances. — « Le cheval droit dans la balance des talons ». — Le gouvernail du cheval réside bien plutôt dans ses hanches que dans son bout de devant. — Le *Tourner*. — Utilisation des deux bouts du cheval. — Comment le cheval se meut sur le cercle. — Deux manières d'utiliser le bout de devant pour le tourner.

C'est ici qu'apparaît l'importance de la *disposition des hanches*, répondant à toute nouvelle direction à prendre et la précédant.

Si l'initiative du changement de direction est prise par l'avant-main, l'harmonie des forces s'altère, les hanches continuant à chasser dans la direction primitive, alors que l'avant-main en prend une nouvelle.

Les hanches forment alors une sorte d'arc-boutant faisant obstacle au changement de direction et, quelque léger que le cheval se présentait lorsqu'il marchait droit devant lui, une résistance plus ou moins accentuée se produira, au moment où le changement de direction s'entamera.

Pour éviter ce manque d'accord entre les deux bouts du cheval, il faut tout d'abord, et par une légère déviation des hanches, disposer le foyer d'où part l'impulsion dans le sens répondant à la nouvelle direction à prendre; l'attitude donnée à la tête et à l'encolure faisant aussitôt écho à la déviation des hanches.

C'est ainsi que l'harmonie des forces, obtenue lorsque le cheval marchait droit devant lui, se maintiendra dans les divers changements de direction, qu'ils se fassent d'une ou de deux pistes, ou qu'ils envisagent les pirouettes.

Il est d'autant plus important de songer

d'abord aux hanches, qu'elles ne sauraient se déplacer par côté avec la même facilité, autant de promptitude, que la tête et l'encolure.

Il faut bien comprendre que la disposition des hanches constitue l'action préparatoire au changement de direction qui, lui, s'exécute, la tête précédant.

Faisant appel à l'image, je dirai que cette disposition préalable des hanches, c'est le coup de barre du gouvernail, précédant et déterminant le changement de direction du navire. Et, de même que le coup de barre, la disposition des hanches détermine le changement de direction ; elle l'impose ; tandis que l'attitude donnée à la tête et à l'encolure ne peut que le solliciter.

Certainement, on domine et dirige le cheval en agissant sur ses deux bouts ; mais des faits, qui se présentent journellement, prouvent que ce sont les hanches, bien plutôt que le bout de devant, qui impriment la direction.

Cela se comprend d'ailleurs. Le bout de devant, c'est-à-dire la tête et l'encolure, en raison de son mode d'articulations, pouvant prendre des attitudes qui lui sont propres et tout à fait indépendantes du reste du corps, ne peut que solliciter la direction à donner aux épaules, et non l'imposer ; tandis qu'il n'en est pas de même des hanches, par suite de leur soudure intime au tronc, qui fait que leur disposition détermine forcément la direction des épaules.

Ainsi, lorsqu'il y a opposition entre la direction donnée par le bout de devant et celle donnée par les hanches, c'est toujours cette dernière qui l'emporte.

Exemple : Un cheval tient à l'écurie et veut y retourner par un demi-tour à gauche. C'est en vain que, pour s'y opposer, le cavalier, en ouvrant la rêne droite, infléchira la tête et l'encolure à droite. Le cheval n'en fera pas moins son demi-tour à gauche, si les hanches, résistant, le poussent dans cette direction, en se refusant à dévier à gauche.

Autre exemple : Un homme à pied conduit un cheval qui veut lui échapper. L'homme tire de toutes ses forces sur les rênes du bridon, qu'il tient à deux mains. Le cheval lui livre complètement sa tête et son encolure, qui s'infléchissent fortement à gauche, et il n'en fuit pas moins à droite, parce que c'est dans cette direction que le chassent ses hanches, qui se sont infléchies à gauche. Tout homme qui a pratiqué les chevaux a vu le fait se produire maintes fois.

C'est donc de l'exploitation des hanches que le cavalier doit surtout se préoccuper, pour exercer sa puissance de domination sur le cheval.

En dehors de tout raisonnement, un fait particulier, dont j'ai été témoin à Saumur, m'a montré, jusqu'à l'évidence, la puissance de direction émanant de la disposition des hanches et l'importance qu'il y a lieu de lui accorder pour la facilité des mouvements.

Je me trouvais dans l'un des manèges, dans le manège Kellermann, au moment où une reprise d'officiers allait monter. Les chevaux, en attendant leurs cavaliers, étaient rangés, comme d'habitude, sur la ligne du milieu et, à l'extrémité du rang, se trouvait un cheval, nommé *Amerah*, qui se signalait par sa petite taille et son caractère joueur. De même que tous les chevaux de la reprise, il était entier, à tous crins, et de race navarine. Placé en face de lui, son palefrenier tenait par son extrémité la longe du caveçon de main.

Livré ainsi en partie à lui-même, le petit cheval prit le galop. Puis, toujours faisant face au palefrenier, il se mit à exécuter une série de contre-changements de main avec une facilité, une légèreté surprenantes, et sans jamais quitter le galop.

Tout étonné, je le suivais attentivement des yeux, et je vis qu'une déviation accentuée des hanches en dehors précédait et facilitait d'une manière frappante chaque mouvement de retour. J'interrogeai le palefrenier, qui me dit que cette manière de se jouer était familière à ce petit cheval, et je fis mon profit de ce que l'instinct lui avait suggéré.

Le point de départ de tout changement de direction doit donc être marqué par la disposition des hanches, et, lorsqu'elle est reliée avec à propos à l'attitude donnée au bout de devant, le tout dans une juste mesure, l'impulsion étant ce qu'elle doit être, les mouvements les plus variés peuvent se succéder avec une facilité telle que le cheval semble obéir au souffle des aides.

Ainsi doit-il en être de l'équitation savante, où Baucher était sans rivaux et que deux mots suffisent à caractériser : *Cheval droit, disposition des hanches*.

Là est l'alpha et l'omega de cette équitation savante qui a pour couronnement la légèreté.

L'importance ressortant de la disposition des hanches ne doit pas non plus rester étrangère à l'équitation de campagne.

Celle-ci, il est vrai, ne réclame pas un emploi des forces de l'animal, ayant la pureté d'harmonie qui doit caractériser l'équitation savante ; mais toujours est-il qu'elle exige la domination des forces du cheval dans la mesure que comporte son emploi usuel.

Cette domination rencontrera ses principaux obstacles dans les hanches, qui renferment le foyer des résistances les plus habituelles et les plus énergiques que le cheval peut présenter.

Son instinct semble lui dire que sa puissance est là où résident ses forces impulsives, et il ne nous en livre pas volontiers la source.

C'est ainsi que, à la demande de la déviation de ses hanches, le cheval est tout porté à les soustraire, au moins en partie, à notre domination, en faisant participer au mouvement ses épaules, dont le déplacement par côté réduit d'autant la soumission que nous voulons imposer à ses hanches.

Il faut s'opposer rigoureusement à cette tendance, sous peine de n'arriver jamais à dominer parfaitement les hanches, à les détacher complètement.

Lorsqu'on demandera leur déviation, les épaules devront donc être maintenues exactement dans la direction qu'elles suivaient, si le cheval est en marche, et sur une même place, si le cheval est de pied ferme.

Dans ce dernier cas, il ne faudra pas rechercher l'immobilité des épaules ; loin de là, surtout s'il s'agit d'équitation savante ; la légèreté, qui ne doit être alors jamais perdue de vue, réclamant la mise en jeu de tous les ressorts, sa perfection ne permettant qu'aucun d'eux demeure inerte.

Que de fois les résistances du bout de devant ont leur origine dans le manque de soumission des hanches, en sont la conséquence, par suite de la solidarité qui se manifeste instinctivement entre toutes les contractions musculaires et qui fait que les résistances se soutiennent mutuellement !

En raison du mode de rapport existant entre le cavalier et son cheval, toute résistance du bout de devant est aussitôt perçue par le cavalier ; sa main l'en avertissant dès qu'elle se manifeste. Mais il n'a pas toujours dans son assiette le sentiment nécessaire pour se rendre compte, avec la même évidence, des résistances émanant des hanches.

Il en résulte que, souvent, l'impression ressentie par sa main, trompant le cavalier et lui faisant prendre l'effet pour la cause, le porte à trop concentrer ses efforts sur la mâchoire et l'encolure. Qu'il interroge aussi les hanches, leur demandant de s'actionner, de dévier à droite, à gauche, en se détachant nettement avec légèreté, et il verra combien de fois les résistances perçues par sa main avaient leur source dans l'inertie des hanches.

Les hanches ne cesseront de provoquer les résistances à la main qu'après leur complète soumission, qui sera constatée par leur détachement, c'est-à-dire lorsqu'elles dévieront avec promptitude et moelleux à la légère pression de l'une ou de l'autre jambe.

C'est alors seulement que le cavalier pourra mettre le cheval droit, dans la balance des talons.

Arrivé à ce point, si le cavalier provoque une légère augmentation d'impulsion et ne laisse pas la masse y céder, il ressentira comme des ondulations, semblables à une nappe d'eau passant sous son assiette.

Là se trouve le but qu'il y aurait lieu d'atteindre, si c'était l'équitation savante qui fût envisagée.

Ce n'est pas sans motifs — je crois en donner des preuves — que je m'étends aussi longuement sur le rôle qui revient aux hanches dans l'exploitation des forces du cheval.

On voit d'ailleurs, lorsqu'on examine sa

construction, que les épaules ne sont faites, en quelque sorte, que pour donner réponse aux hanches, à l'impulsion qui en émane. Certainement, les épaules ont des qualités et des imperfections qui leur sont propres ; mais que de fois elles fonctionnent, s'étendent mal, parce que les hanches ne les chassent pas bien !

En forçant un peu l'image, on pourrait dire qu'il en est des épaules et des hanches comme des ailes du moulin à vent et de la force qui les met en action.

Lorsque les jarrets traînent, fonctionnent mal, il est donc inexact de dire, ainsi que cela a lieu communément : « Les jarrets ne suivent pas les épaules ». Pour rester dans la vérité des choses, il y aurait lieu de renverser la proposition en disant : « Les jarrets ne chassent pas les épaules. » Car ce n'est pas aux épaules qu'il appartient de tirer à elles les hanches, mais bien aux hanches de chasser en avant les épaules.

Le cheval de campagne se dirigeant presque uniquement à l'aide de la main, et le cavalier étant d'ailleurs prédisposé à s'en servir bien plutôt que de ses jambes, il est devenu vulgaire de dire que le gouvernail du cheval réside dans son encolure.

Cela peut être vrai pour le cheval qui est obéissant et auquel on ne demande que ce que comporte l'équitation courante. Mais, comme je l'ai dit déjà, il en est autrement, lorsque les exigences, augmentant, demandent plus d'accord entre l'avant et l'arrière-main, et surtout si le cheval se refuse à l'obéissance. Dans ce dernier cas, le cavalier, tout en pouvant, je suppose, diriger l'encolure comme il l'entend, ne sera cependant nullement maître d'engager le cheval récalcitrant dans la direction qu'il se refuse à prendre.

Comme exemple, je rappellerai ce que j'ai dit du cheval qui, tenant à l'écurie, s'obstine à y retourner par un demi-tour à gauche. L'inflexion à droite de son encolure est impuissante à empêcher ce demi-tour. Mais que le cavalier, concentrant ses efforts sur les hanches, les fasse dévier à gauche, les disposant ainsi en arc-boutant, et le demi-tour de ce côté deviendra impossible.

Le cavalier aura donc à faire appel à deux forces du même côté, rêne et talon droits, pour dominer les hanches, les faire dévier.

Ce n'est qu'après les avoir disposées à gauche, c'est-à-dire après avoir assuré la direction en se prémunissant contre le demi-tour, que la marche sera sollicitée.

Chaque fois que la défense se renouvellera, il faudra revenir à la même succession de procédés.

Une raison analogue doit engager à mettre au galop sur le pied gauche le cheval qui, à l'obstacle, est disposé à se dérober à gauche; parce qu'alors le cavalier, pouvant plus facilement traverser sa monture à gauche, l'entravera d'autant mieux dans sa tendance à obliquer de ce côté : c'est généralement le contraire qui se fait, dans la croyance que le cheval, galopant sur le pied droit, obliquera moins facilement à gauche. Mais les conséquences qu'entraîne la disposition des hanches priment les considérations qui peuvent militer en faveur de cette dernière manière de faire. La pratique est là pour en témoigner.

Il est important aussi, en pareille occurrence, d'empêcher le cheval de prendre un surcroît d'impulsion, dont il s'emparerait pour nous dominer et fuir l'obstacle qu'il ne veut pas aborder.

La disposition des hanches doit être, certainement, l'objet de préoccupations moins constantes dans les exercices du dehors que dans la pratique de l'équitation savante ; mais son importance est trop grande pour ne pas fixer l'attention du cavalier, dans tout emploi du cheval, quel qu'il soit.

D'Aure faisait de fréquents appels à la disposition des hanches, et avec une grande habileté, s'aidant souvent et avec un à-propos rare de la rêne d'opposition, soit au manège, soit dans l'équitation de campagne.

Le gouvernail du cheval réside donc dans son arrière-main plutôt que dans son avant-main. Mais ce serait agir en opposition avec la nature même de l'animal si, pour le tourner, nous n'utilisions pas, à la fois, ses deux bouts.

Pour s'en convaincre, il suffit d'examiner le cheval livré à lui-même et tournant en employant alors ses moyens instinctifs. Un cheval vient d'échapper aux mains de l'homme qui le conduisait, et lorsque, tout animé, il se cadencera dans un trot énergiquement soutenu, l'œil du spectateur pourra suivre, avec toute facilité, les moyens employés par l'animal pour opérer le tourner. A moins qu'une cause d'effroi ne le fasse revenir brusquement sur lui-même, jamais ses épaules n'iront à droite sans que ses hanches dévient à gauche. Et, aussi longtemps que le cheval tournera, il en sera ainsi.

On peut s'en convaincre, en examinant les traces laissées sur le sol par les pieds du cheval mis en cercle au trot à la longe. Elles montrent que les épaules chevauchent de dehors en dedans; tandis que les hanches, au contraire, chevauchent de dedans en dehors. Ce chevauchement sera surtout appréciable si le trot est franc et si le cercle, sur lequel le cheval tourne, n'est pas d'un trop grand rayon.

Le cheval se meut donc instinctivement sur le cercle en prenant une succession de tangentes, et non en se ployant conformément à la courbure de la ligne qu'il suit.

Certainement, le dressage aidant, on peut arriver à ployer sur le cercle le cheval monté, mais dans une certaine mesure seulement; car, si les articulations de l'encolure permettent de donner à cette région le degré d'inflexion qui convient au cavalier, il n'en est plus de même du rein, et surtout de la tige dorsale, dont les articulations ne jouissent que d'un jeu très restreint.

Dans l'équitation de campagne, bien que le cavalier conduise le cheval avec la main, les hanches n'en sont pas moins sollicitées à participer au tourner. Nos actions ne sauraient s'exercer sur l'un des deux bouts du cheval, sans tendre à réagir sur l'autre bout. Par suite, lorsque la main détermine le déplacement des épaules à droite, elle provoque, en même temps, la déviation des hanches à gauche.

Cette réaction sur les hanches se produit, quelle que soit la façon dont la tête et l'encolure sont utilisées pour le tourner, et elles peuvent l'être de deux manières.

Ainsi, pour le tourner à droite, la tête peut être dirigée à droite et entraîner l'encolure, puis les épaules, du côté du tourner.

Ou bien, la tête peut être portée à gauche, puis refoulée sur l'encolure qui s'infléchit à gauche, tout en s'inclinant et portant son poids à droite, de manière à entraîner les épaules dans cette direction.

Dans un cas comme dans l'autre, les hanches, par suite de la réaction qu'elles éprouvent, contribuent à diriger le cheval vers la droite. Dans le premier cas, c'est en déviant à gauche, conséquence naturelle du déplacement à droite de l'autre bout du cheval. Dans le second cas, c'est en s'infléchissant à gauche ; cette inflexion étant provoquée par celle de l'encolure, qui tend instinctivement à s'étendre à toute la tige vertébrale.

Les actions du cavalier, répondant à ces deux modes d'emploi du bout de devant pour le tourner, sont :

Pour le premier, l'ouverture de la rêne du dedans, dite aussi « rêne directe » ;

Pour le second, la pression contre l'encolure de la rêne du dehors, dite aussi « rêne contraire ».

Le premier mode est le plus simple, le plus naturel, celui qui éclaire le mieux le cheval et dont l'effet est le plus certain.

Le deuxième ne peut donner le résultat visé que si l'encolure présente une certaine flexibilité.

Si, dans la demande du tourner à droite, l'encolure ne s'infléchissait pas à gauche, ce serait le tourner à gauche, au contraire, qui serait provoqué.

En effet, la pression d'une rêne ne présente pas la simplicité d'impression qui caractérise son ouverture, et dont l'effet est un.

Ainsi, dans la demande du tourner à droite, la pression de la rêne gauche sur l'encolure tend bien à porter les épaules à droite ; mais cette pression est accompagnée forcément d'une action d'avant en arrière, répondant à l'emploi de la rêne d'opposition, si fréquent pour vaincre la résistance des hanches et parfois si délicat pour les disposer en secondant l'action du talon du même côté.

Si c'est l'effet dû à la traction de la rêne qui prédomine, ce qui se produit quand l'encolure ne s'infléchit pas, les hanches se rangeant à droite, le cheval fera face à gauche.

Ainsi en est-il chez le jeune cheval qui n'a pas été familiarisé avec l'emploi de la bride, lorsque le cavalier, voulant le diriger avec la main de la bride seule, portera la main à droite. Suivant la manière dont son encolure répondra à cette action, on le verra disposé à tourner soit à droite, soit à gauche.

Afin qu'il en soit autrement, il faudra recourir aux moyens que donnent les méthodes de dressage pour amener le cheval à l'obéissance de la main de la bride, puis laisser faire le temps, d'où découlera l'habitude, ce facteur essentiel du dressage du cheval destiné à l'équitation courante.

CHAPITRE V

Inflexion à gauche de la tige vertébrale; ses causes; ses conséquences. — Travail qu'exige la recherche de la position droite. — Conséquences d'une résistance invaincue. — Combinaisons d'aides que comporte la recherche du cheval droit. — Les rênes. — Les talons. — Mode d'emploi de chaque talon.

L'inflexion, par côté, de la tige vertébrale, dont je viens de parler à propos du tourner, ne se manifeste pas seulement lorsque le cavalier la provoque. Elle existe *a priori*, à des degrés divers, chez tous les chevaux, pourrait-on dire, et c'est à gauche, presque toujours, qu'elle apparait. En voici les raisons :

Dans le ventre de la mère, le poulain est, d'habitude, replié à gauche, sa tête touchant son épaule de ce côté. Puis, viennent les pratiques journalières du cavalier. Le cheval est toujours disposé à regarder l'homme qui vient à lui. Or, c'est à gauche que le cavalier aborde le cheval pour lui donner sa nourriture, le panser, le seller, le sangler, le brider. C'est encore à gauche qu'il lui fait faire demi-tour pour le sortir de l'écurie, puis qu'il le monte ou le conduit en main. J'ai cru remarquer aussi que la plupart des chevaux se couchent plus volontiers sur le côté droit, et ce decubitus concorde avec l'inflexion à gauche.

En Autriche, en Allemagne, pour les promenades en main, beaucoup de chevaux de maitres sont pourvus à droite d'une fausse rêne fixée au surfaix, de manière à empêcher l'inflexion de l'encolure à gauche.

On a avancé que, pour combattre cette inflexion, il suffisait de faire tomber la crinière à droite. L'explication en est ainsi donnée : Pour voir les mouvements de son cavalier, qui ne sont pas sans appeler son attention, le cheval, pour les apercevoir à droite aussi bien qu'à gauche, est incité à tourner la tête plus à droite qu'à gauche, par suite de l'obstacle que la crinière présente à son regard. Et cela suffirait pour combattre victorieusement l'inflexion à gauche. Peut-être en est-il ainsi chez les chevaux à crinière très fournie, mais non chez les autres, autant du moins que j'ai pu l'observer.

L'opinion, qui attribue une importance réelle au côté où tombe la crinière, a été fortement défendue par M. de Sainte-Reine, homme de cheval d'une grande valeur, que j'ai beaucoup connu. Je me souviens qu'obéissant à son amour des chevaux, il ramassait, pour les jeter à l'égout, tous les clous et pointes qu'il trouvait sur son chemin, dans la crainte que le pied d'un cheval n'en fût offensé.

Pour vaincre l'inflexion à gauche de l'encolure, on croit communément — et que de fois l'ai-je entendu dire! — qu'en l'infléchissant à droite, c'est ce côté qu'on assouplit. C'est le contraire, c'est la rétraction des muscles de gauche que l'on fait disparaître. D'une manière générale, lorsqu'on fait fléchir une articulation, ce ne sont pas les muscles déterminant la flexion qu'on assouplit, mais bien ceux qui s'y opposent, car ce sont ceux-là qui doivent céder, se détendre.

L'inflexion à gauche, si commune chez les chevaux, ayant pour conséquence de donner aux hanches une disposition qui leur fait chasser les épaules vers la droite, il en résulte que, aussi longtemps que cette fausse position subsistera, l'harmonie parfaite des mouvements ne saurait être obtenue, car il sera impossible d'établir entre l'arrière et l'avant-main l'exactitude de rapport qui assure cette harmonie; et l'écuyer rencontrera là une source intarissable de résistances.

La haute équitation exige que cette source soit tarie. L'œuvre est longue à accomplir et réclame tout le talent de l'écuyer. Voici ce qu'en dit le célèbre d'Auvergne : « L'homme de cheval, avec toute la perfection de l'art, passe sa vie à corriger cette imperfection. » Baucher n'eût pas mieux dit.

La position rigoureusement droite ne peut être obtenue, en effet, qu'à l'aide d'un travail aussi persévérant qu'intelligent, qui consiste à suivre les résistances dans toutes leurs manifestations, pour les combattre et les détruire.

Si une résistance était laissée incomplètement vaincue, si elle n'était pas détruite jusque dans ses dernières racines et que le cavalier passât outre, il serait certain de la rencontrer dans la suite de son travail, et en toute occasion où cette résistance trouverait à se manisfester.

Mais l'art n'est pas ingrat et cette lutte contre les résistances offre un intérêt de tous les instants à l'écuyer qui possède vraiment le sentiment de son art. Si la tâche est laborieuse, le but qui lui est offert est trop fertile en conséquences heureuses pour qu'on ne s'efforce pas d'y atteindre. Le cheval droit a une importance telle qu'il constitue — je l'ai dit déjà et le répète encore — la base même sur laquelle repose l'équitation savante ; la légèreté ayant pour pierre angulaire la position droite.

Les moyens pratiques qui conduisent à cette rectitude de position, étant commandés par les résistances qui s'y opposent, varient comme ces résistances mêmes. Ils font, par suite, appel à toutes les combinaisons que comportent les aides supérieures et inférieures. Je vais en donner une esquisse :

Les deux rênes, dans leurs actions combinées, peuvent agir par ouverture, pression ou traction. Lorsque j'ai parlé du tourner, demandé avec les mains, j'ai indiqué les effets produits sur l'avant-main d'une part, sur l'arrière-main d'autre part, par ces différentes actions que j'ai appliquées à l'emploi isolé d'une rêne.

Mais, suivant le besoin, l'autre rêne apporte son concours pour affermir, compléter ou limiter l'action de la rêne dont j'ai développé les effets, et c'est ainsi que les actions des deux rênes se combinent.

Il faut y ajouter le soutien plus ou moins énergique des poignets, avec leur immobilité absolue, lorsqu'il s'agit de localiser les effets des mains sur le bout de devant.

N'ayant encore rien dit des effets que peuvent produire les actions combinées des deux talons, je vais en parler avec détails. Quand je dis : «talons», je comprends — et l'ai dit déjà autre part — les jambes, ainsi que les éperons ; et les éperons ont de grandes vertus.

Le rôle, que jouent les hanches dans l'exploitation des forces du cheval et sur lequel je me suis longuement étendu, est trop important, pour ne pas appeler, d'une manière toute spéciale, l'attention sur les aides appelées à gouverner le plus directement l'arrière-main, sur l'emploi des talons.

Leur jeu ne se borne pas à chasser le cheval en avant, à ranger sa croupe soit à droite, soit à gauche. Ce sont là des effets simples qui suffisent à l'équitation élémentaire.

La haute équitation demande aux talons d'autres ressources, que je vais exposer et qui envisageront, à la fois, la recherche de la position droite et l'exécution de mouvements divers.

Les actions combinées des deux talons donnent les résultats suivants, lorsque, un talon pressant les côtes, l'autre talon s'oppose à la déviation des hanches.

Le talon agissant par pression, qui est le premier dont je parle et sur lequel les effets recherchés doivent se concentrer, sollicite le lever du jarret du même côté, puis provoque son engagement sous la masse; et, par son énergie croissante, cette pression détermine l'inflexion du corps, et enfin son inclinaison du côté où elle s'exerce.

Le talon, appelé à produire ces effets, doit

faire sa pression tout à fait sur place; tandis que le talon opposé, qui n'agit que suivant le besoin, exerce la sienne d'avant en arrière, mais sans avoir, pour cela, à se déplacer.

Cette dernière action est aussi celle qui doit être employée, lorsqu'il s'agit de faire dévier les hanches. Pratiquée comme elle doit l'être, le regard du spectateur ne saurait la saisir.

Les conséquences, qu'entraîne la pression d'un talon et que je viens d'énumérer, s'appliquent, bien entendu, à la haute équitation, et non à l'équitation élémentaire; mais elles n'en trouvent pas moins leur source dans l'instinct du cheval.

En effet, cette action du talon fait tout d'abord, et tout naturellement, appel au jeu du jarret qui avoisine le point où elle s'exerce. Si elle s'accroît, le cheval y répond par l'inflexion, comme il le ferait à l'écurie, lorsque son corps ne cède pas à la pression de la main appliquée sur les côtes. L'inflexion du corps, s'accentuant sous une pression plus prononcée, entraine, par suite, son inclinaison.

Ces effets, basés sur l'instinct, et qui servent à concourir à l'obtention de la position droite, s'accentuent, se régularisent et sont exploités, au fur et à mesure que le dressage progresse.

Ainsi le piaffer est déterminé et rythmé par l'appui alternatif de chaque talon, réglant le lever et le soutien du jarret qui lui correspond et provoquant, en même temps, une certaine inflexion du corps du même côté; comme il en est, en quelque sorte, de l'effet produit chez la danseuse par l'appui de la main sur son flanc, du côté où son corps doit s'infléchir.

Les départs au galop, les changements de pied sont obtenus, avec le cheval maintenu rigoureusement droit, au moyen du talon direct, attirant sous la masse le jarret du même côté.

Par suite du même effet, le talon du dedans

chasse le cheval en avant dans la marche de deux pistes; l'engagement, sous le centre, du jarret du dedans entrainant forcément le même engagement du jarret du dehors, à cause du chevauchement de celui-ci sur le premier.

Une raison analogue doit nous guider dans l'emploi de nos talons, lorsque nous pratiquons la leçon de l'épaule en dedans. Pour que le chevauchement du jarret du dedans sur celui du dehors amène le cheval à plier sous lui le jarret du dedans, ce qui est l'un des buts envisagés par cette leçon, il faut que le talon du dehors ait d'abord attiré sous la masse le jarret qui lui correspond.

Pour le tourner, le talon du dedans ayant donné la disposition des hanches en agissant d'avant en arrière, il appartient ensuite à l'un ou à l'autre talon, en pressant sur place, de faire sentir son effet dans le cours du mouvement et suivant la manière d'être du cheval; le talon du dedans agissant, si c'est l'inflexion qui est recherchée ; celui du dehors se faisant sentir, s'il y a lieu d'attirer le jarret du dehors, qui a le plus de chemin à faire et qui reste si souvent en arrière.

Il en est de même pour la pirouette.

Dans ce que je viens de dire, qu'on ne voie rien de nouveau. Frédéric Grison, qui vivait au seizième siècle, attribue à chaque talon, au cours du tourner, le même emploi que celui que je viens d'indiquer. Il s'exprime seulement en d'autres termes, répondant au langage de l'époque.

Quant à l'emploi des aides supérieures et inférieures combinées, je l'appliquerai seulement au redressement du cheval qui s'éloigne de la position droite en se traversant ou en s'infléchissant.

De ces deux fausses positions qui exigent, pour être combattues, une combinaison d'aides inverses, celle qui provient de l'inflexion est la plus fréquente, et aussi la plus longue, la plus difficile à déraciner.

Lorsque le cheval se traverse, les hanches sont ramenées sur la ligne que suivent les épaules, par l'emploi du talon du côté où les hanches dévient et que seconde la rêne du même côté ; ainsi, dans le cas où le cheval se traverse à gauche, talon gauche pressant d'avant en arrière, rêne gauche réagissant sur les hanches et fonctionnant comme rêne d'opposition.

Lorsque le cheval s'infléchit, il est redressé par le talon et la rêne du côté opposé à l'inflexion. Par conséquent, dans le cas d'inflexion à gauche, talon droit agissant sur place, rêne droite infléchissant l'encolure à droite, et, par suite, concourant à l'inflexion du corps que le talon provoque.

Je n'irai pas plus loin dans l'emploi des aides supérieures et inférieures combinées, et dont se trouvent ailleurs des applications.

CHAPITRE VI

Pratiques équestres basées sur l'instinct. — Le cheval de course. — Le *Rouler*. — Moment où les éperons doivent se faire sentir. — Fixité de la position du cavalier. — Position de Frédéric Archer, des jockeys américains, de Lamplugh. — Inconvénients qu'entraine l'emploi de la cravache. — Opinion de M. de Baracé. — Utilité pour tout homme de cheval de se servir également de ses deux mains. — Tares des membres postérieurs chez les chevaux de pur-sang. — L'instinct du cheval peut nous éclairer. — Rôles respectifs de la force et du poids dans la marche. — Pourquoi les chevaux de troupe, abandonnés de la main, se couronnent. — Nécessité d'habituer le cheval à parcourir des chemins accidentés. — Les chevaux de chasse du comte d'Aure. — La nature est le premier des maitres.

Il est à remarquer que la plupart des pratiques auxquelles le cheval est soumis, de même que les effets des talons sur lesquels je me suis étendu, trouvent leur point de départ dans l'instinct même de l'animal ; son obéissance s'accentuant ensuite, à mesure que ces pratiques lui deviennent plus familières.

C'est ainsi que le cheval est amené à se porter en avant à une légère pression des jambes, après avoir été préalablement soumis aux coups de talons. Aux coups, l'animal ne saurait répondre que par la fuite ou la révolte ; et, en raison de sa nature propre, c'est le premier effet qui se produit instinctivement chez le cheval, à moins que le caractère du sujet ne le porte à la rétivité.

Les postillons d'autrefois, empêchés par leurs pesantes bottes fortes de se servir de leurs éperons, et même de leurs jambes, y suppléaient par les saccades de la bride, dont l'effet instinctif est de faire tendre la tête, l'encolure et, par suite, de disposer le cheval à se porter en avant ; ce qui faisait dire alors que la bride était l'éperon du postillon. Journellement on voit les paysans employer ce même procédé pour faire marcher leurs chevaux.

Je dirai encore qu'avec un simple cordeau, fixé au côté gauche du mors du cheval de devant, le charretier le fait tourner, soit à gauche soit à droite; à gauche, en tirant sur le cordeau; à droite, en produisant des saccades, et, plus tard, à l'aide du seul flottement de la corde; parce que l'instinct du cheval le porte à tourner l'encolure du côté où la traction s'exerce et lui fait jeter la tête du côté opposé à celui où la saccade se fait sentir.

Si, allant d'un extrême à l'autre, du cheval de trait on passe au cheval de course, on voit apparaître, pour l'exploiter, des pratiques basées également sur l'instinct de l'animal.

La première condition que doit remplir le cheval de course, c'est la fixité d'appui sur la main.

Pour provoquer cet appui, le cavalier doit agir des mains d'une façon diamétralement opposée à celle que j'ai indiquée, lorsque, envisageant l'équitation savante, je proposais la légèreté comme but; parce que, ici, loin de viser ce but, les procédés à employer doivent, au contraire, rechercher la tension plus ou moins énergique des ressorts du bout de devant, qui provoquera la tension des autres ressorts, le perçant du mouvement, et donnera cette fermeté d'appui dont le secours est indispensable au développement de tous les moyens du cheval.

Pour provoquer la tension de l'encolure, les mains ne doivent donc pas, comme pour vaincre ses résistances, s'immobiliser dans leur fixité ; loin de là.

Les bras, agissant comme des ressorts mollement trempés, doivent exercer sur les rênes du bridon une traction, à laquelle on verra le cheval opposer instinctivement la tension de sa tête et de son encolure. Les bras, cédant alors progressivement, suivront l'encolure dans son extension, pour s'arrêter là où la tête devra être fixée, et revenir à la traction, si le cheval ne tenait pas, de lui-même, l'appui.

Dans l'instinct de l'animal se trouve donc le point de départ des moyens à employer, pour amener le cheval à aller chercher de lui-même la main et pour pouvoir régler ensuite les différents degrés d'extension de l'encolure. Je m'étendrai sur ces moyens lorsque je traiterai de l'équitation de course.

Dès maintenant cependant, je vais en faire une application au *rouler*, qui vise l'extension extrême de la tête et de l'encolure, de façon que le poids apporte, dans le dernier et suprême effort, tout le secours qu'il peut donner.

Le rouler doit être réglé. Il ne doit pas se présenter sous la forme d'une agitation désordonnée des bras, se produisant sur des rênes flottantes, ce qui met le cheval hors de lui, le désunit et apporte le désordre dans son action, spectacle qui n'est donné que trop souvent par les cavaliers n'ayant pas l'expérience des luttes de l'hippodrome et qui perdent tout sang-froid à l'approche du poteau gagnant.

Pour que le rouler produise un effet utile, il doit marcher de concert avec l'action propre au galop ; et voici comment cet accord est obtenu.

Les mains, de la position basse et fixe qu'elles affectaient, ont dû d'abord un peu s'élever. C'est là un premier avertissement donné au cheval. Puis, au moment où ses épaules quittent terre, les poignets, dans un mouvement légèrement circulaire, augmentent la tension des rênes et provoquent ainsi l'opposition instinctive que fait le cheval à ce surcroît d'action des bras, en tendant sa tête et son encolure.

Les mains, alors, suivent le bout de devant dans son extension, qui doit être complète lorsque les épaules s'abaissent, de façon à leur faire couvrir un peu plus de terrain à chaque foulée.

Le rouler, on le conçoit, demande que le cavalier joigne au sentiment des mouvements du cheval un assez long exercice, pour arriver à sa bonne exécution, et que le sang-froid surtout préside à son application.

Employé mal à propos, et surtout exécuté à contretemps, le rouler est désastreux.

Il n'est pas moins important que les éperons, toujours en raison des effets instinctifs, agissent de concert avec le galop.

Les éperons sollicitant l'engagement des jarrets sous la masse, si leur effet se fait sentir à l'instant où les jarrets produisent leur effort, loin d'accroître leur puissance de projection, ils l'amoindrissent, en arrêtant, pour ainsi dire, dans son cours, la détente des ressorts.

C'est à l'instant où, arrivant à la limite de leur extension, les jarrets quittent le sol, que les éperons doivent agir. Alors, ramenant les jarrets sous la masse, les éperons leur font embrasser plus de terrain.

L'instant où les éperons doivent se faire sentir peut être assez facilement saisi, leur rapprochement des côtes, au moment que j'ai indiqué pour leur emploi, étant alors naturellement provoqué par le branle même du galop.

L'accord des mains et des talons avec la succession des actions propres au galop assure l'union entre les hanches, qui chassent, et les épaules, qui reçoivent. Si, en même temps, le cavalier sait donner à sa position la fixité et maintenir dans un cercle étroit les mouvements que comportent les opérations de ses mains et de ses talons, aucun trouble ne sera apporté dans la régularité d'action du cheval, qui doit être toujours suivie. Toute déperdition de forces sera ainsi évitée.

On verra converger vers le but poursuivi, qui est une vitesse soutenue, dont le sentiment du train, si important, donne la mesure, toutes les ressources que le cavalier peut puiser dans les forces et dans le poids du cheval, qui semblera, en même temps, glisser comme une ombre.

La position que doit prendre le cavalier ne saurait reposer sur des données fixes, du moins en ce qui concerne les courses plates.

Pour s'en convaincre, il suffirait de mettre en présence la position de Frederick Archer et celle des jockeys américains, celle de Sloan, pour citer un nom.

Frederick Archer qui, pendant dix ans, a eu, sur les hippodromes, une réputation qu'aucun autre n'a surpassée, étrivait long, avait la cuisse très descendue et s'isolait peu ou pas de la selle.

Les jockeys américains, qui, aujourd'hui, jouissent d'une grande vogue, justifiée d'ailleurs par leurs succès, étrivent très court. Ils ont la cuisse horizontale, les mollets plaqués aux épaules du cheval, le corps couché sur l'encolure, les bras tendus en avant, les fesses en l'air. En fait, ils se présentent en forme de V et rappellent assez le singe se cramponnant sur le cheval.

En s'immobilisant dans cette attitude accroupie, le jockey américain assure la fixité dans la répartition de son propre poids; et, en course, là est le point essentiel, quelle que soit d'ailleurs la position prise par le jockey; tout déplacement de son poids troublant le cheval dans l'emploi de ses forces.

Mais cette position du jockey américain, grotesque en elle-même, ne saurait être prise non seulement qu'en course plate, mais encore qu'avec des chevaux très bien préparés, s'employant volontiers, ne demandant qu'à être exploités dans la plénitude de leurs moyens.

La position à prendre en course d'obstacles doit être le contre-pied de la position prise par les jockeys américains.

Celle de Lamplugh, le jockey de steeple, le meilleur et le plus correct que j'aie vu, répondait à la position de Frederick Archer, telle que je l'ai caractérisée.

En abordant l'obstacle, Lamplugh, pour n'apporter aucun trouble dans l'action du cheval, ne modifiait pas sa position. Son habileté, sa grande habitude de ce genre de course le lui permettaient. Mais il disait qu'en général le cavalier devait alors bien s'asseoir, car, avant tout, il devait se prémunir contre une chute.

Les coups qui fouettent chassant le cheval en avant mieux que les coups qui piquent, on pourrait croire, pour rester d'accord avec les dispositions instinctives de l'animal, qu'il serait préférable de faire appel à la cravache plutôt qu'aux éperons. Mais, l'emploi de la cravache enlevant une main aux rênes, le point d'appui s'en trouverait modifié, l'encolure moins fermement soutenue, et, d'une manière générale, les opérations afférentes aux mains en seraient amoindries et rendues moins efficaces. De grands mouvements de bras, devenant nécessaires, ne permettraient plus au cavalier d'agir près de lui et pourraient porter atteinte à la fixité de sa position. Puis, en raison de son éloignement des côtes qu'elle doit frapper et de la violence de ses effets, la cravache demande, pour son emploi, plus d'adresse et plus d'à-propos encore que les éperons; un seul coup de cravache pouvant suffire pour couper, en quelque sorte, la détente des ressorts, s'il est appliqué au moment où les jarrets font leur effort.

Si l'intervention de la cravache était jugée indispensable, pour obtenir l'effet qu'on en attend, il suffira souvent de sa menace, qui peut être exprimée par des moulinets, permettant au cavalier d'agir près de lui. Ayant un effet tout moral, la menace n'exige plus, d'ailleurs, le même à-propos que le coup.

Un jour que je m'entretenais avec M. de Baracé, que j'ai déjà eu l'occasion de citer (1), des difficultés que présentait le juste emploi des éperons et surtout de la cravache, il me dit, avec la grande expérience qu'il avait de l'hippodrome : « On me donnerait trois che-

(1) *Un officier de cavalerie. Souvenirs du général L'Hotte.* Plon-Nourrit. Paris, 1905.

vaux de même classe, montés par des gentlemen peu expérimentés, que je me ferais fort de faire gagner celui que je voudrais. Je n'aurais qu'à lui enlever sa cravache et ses éperons. »

Mais il y a des chevaux avec lesquels l'emploi effectif de la cravache est tout à fait indispensable. Alors il faut passer outre sur les inconvénients et les difficultés que présente son usage.

Le cavalier, qui est assez adroit et assez expérimenté pour monter les chevaux de cette sorte, doit s'être exercé à manier la cravache de l'une et de l'autre main; afin que, si un cheval l'approche à droite, il puisse saisir sa cravache de la main gauche; car il serait disqualifié, s'il atteignait de sa cravache un autre cheval que le sien, ou le cavalier qui le monte.

Tout homme de cheval, d'ailleurs, devrait s'exercer de manière à pouvoir se servir, avec une facilité à peu près égale, de sa main droite et de sa main gauche. Au cours de sa pratique, il en reconnaitra l'utilité; ainsi, dans le travail à la longe, pour pouvoir tenir la chambrière avec le bras voisin du cheval, quelle que soit la main à laquelle il marche.

De même, pour dresser et employer les sauteurs aux piliers, il y a une utilité particulière à ce que l'écuyer puisse se servir, avec une égale adresse, de la chambrière tenue dans l'une ou l'autre main.

Je vais consigner ici une particularité que j'ai été à même de constater chez les chevaux anglais de pur sang, et qui pourrait trouver sa cause dans les pratiques de l'hippodrome.

L'école de Saumur possédait, en octobre 1879, 189 chevaux anglais de pur sang.

Après un examen scrupuleux de leurs membres, un état détaillé des tares qui les affectaient a été établi.

De cet état il ressort que la jarde, lorsqu'elle n'existe qu'à un jarret, se présente, à peu de chose près, deux fois au jarret droit pour une fois au jarret gauche; tandis que, pour l'éparvin, c'est exactement le contraire.

La cause en est à chercher. Ne se trouverait-elle pas dans les tournants d'hippodrome qui, se faisant toujours à droite, fatiguent surtout la partie externe du jarret du dedans et la partie interne du jarret du dehors; ces régions répondant au côté vers lequel le cheval, en s'inclinant, porte son poids?

De l'examen de ces 189 chevaux anglais de pur sang il est aussi ressorti que, sur ce nombre, 24 seulement avaient les membres complètement exempts de tares.

L'instinct, alors qu'il se manifeste sous la seule impulsion de la volonté de l'animal, nous éclaire souvent sur ce que nous avons à faire pour ne pas entraver le cheval, et parfois le seconder, dans l'emploi des moyens que la nature lui a départis.

Ainsi en est-il de l'emploi que le cheval fait de son encolure, alors que, livré à lui-même, il a à passer ou franchir des obstacles de diverses natures, à gravir ou descendre des pentes raides. L'attitude qu'affecte alors l'encolure nous dicte clairement l'usage que nous avons à faire de nos bras.

Je vais m'étendre ici sur le rôle que le cheval donne instinctivement à son encolure lorsque, pouvant en disposer à son gré, il faut qu'il continue une marche qui a déjà épuisé en grande partie ses forces.

Son encolure s'étend, se baisse, afin que le poids, porté en avant, se substitue, en quelque sorte, à la force qui fait défaut. Aucune contrainte de la main, on le conçoit, ne doit s'opposer à l'attitude de l'encolure, que son instinct dicte alors au cheval.

On peut avancer, et d'une manière générale, que le poids prend une part d'autant plus large dans la marche que la force fait défaut. Ainsi en est-il de l'enfant dont les forces ne sont pas encore venues, du vieillard qui les a perdues. Chez l'un comme chez l'autre, la marche n'est entretenue qu'à la condition que le corps, en s'inclinant, porte son poids en avant.

Il en est de même chez l'homme fatigué. Qu'on examine une troupe d'infanterie se mettant en marche, puis arrivant au terme d'une longue étape. Au départ, les hommes, ayant sac au dos, marchent le corps droit, le jarret tendu. A la fin de la marche, le corps s'est incliné en avant, les genoux demeurent fléchis, et il semble que les jambes, ne chassant plus le corps, sont entraînées par lui. Ici, de même que le cheval épuisé, l'homme obéit à l'instinct. Il ne saurait avoir de guide plus sûr.

Lorsque l'Arabe sent son cheval à bout de forces, on rapporte que, pour le faire marcher encore, la dernière ressource à laquelle il ait recours, c'est d'enlever la bride. Le cheval, n'ayant plus à redouter le mors meurtrier de la bride arabe, trouve, dans l'extension complète et l'affaissement de son encolure, la possibilité de répondre encore aux exigences extrêmes de son maître.

S'en remettre ainsi à l'instinct du cheval pourrait paraître une imprudence, si on jugeait qu'une chute devient imminente lorsque le cheval n'est plus tenu dans la main.

Il est vrai que, dans les rangs de la Cavalerie, les chevaux se couronnent souvent par suite de l'abandon de la main — et aussi du propre abandon du cavalier, pourrais-je ajouter. Mais il y a une raison à cela. Ces chevaux étant habitués à marcher dans un certain équilibre que leur impose la main, si, sans préparation, la main cessant son effet, cet équilibre se trouve rompu par une surcharge des épaules, alors que la fatigue se fait sentir, une chute sur les genoux est à redouter.

Il n'en est plus de même lorsque, à l'aide d'un dressage bien entendu et de ses fréquentes applications, les chevaux de troupe ont été habitués à marcher avec les différentes attitudes que comporte l'emploi de leur encolure.

Combien sont rares les chevaux de paysans, portant aux genoux des traces de chutes! et ils ne se font pas faute cependant de marcher, l'encolure étendue et basse. Mais ils en ont l'habitude. Il est vrai que ces chevaux ne sont pas surchargés du poids du cavalier. Quelquefois cependant : ainsi, les chevaux lorrains d'autrefois, à l'encontre de ceux d'aujourd'hui, étaient légers et souvent mis aux allures vives. Le charretier conduisait, d'habitude, son attelage, assis à califourchon sur le cheval tenant la place du porteur; et je ne sache pas que les chevaux des campagnes, marqués aux genoux, fussent alors plus nombreux qu'aujourd'hui.

Mais tout voyageur qui a fait des excursions dans les Pyrénées a pu voir, un jour ou l'autre, dans le cheval qu'il montait, un cheval de troupe réformé et portant aux genoux les traces de chutes faites au régiment. Quelle est pourtant la première et constante recommandation du guide? De ne pas se servir des rênes. Et, dans son abandon, le cheval ne bronche pas, bien qu'ayant à suivre des chemins présentant des difficultés de tout genre; parce que, depuis sa sortie du rang, livré à lui-même, libre de son encolure, affranchi de toute contrainte, il marche sous la seule direction de son instinct et a pris l'habitude de parcourir des terrains accidentés. Cette habitude est nécessaire pour préserver le cheval de chutes dont il a pourtant l'effroi; mais son état de domestication lui refuse parfois les moyens d'acquérir l'adresse qui l'empêchera de broncher, en ne le laissant pas s'accoutumer à parcourir les terrains pouvant provoquer des chutes.

Ainsi en est-il du cheval de course à l'entraînement, qui ne rencontre, sur le tapis qu'il foule, ni ornières, ni pierres, ni inégalités. Sorti de l'entraînement, il est nécessaire de l'exercer à parcourir des terrains présentant les accidents, les difficultés que son pied ignore. Au début, surtout s'il est d'un caractère distrait, il bronchera fréquemment. La main, parfois, pourra bien lui donner un avertissement utile, mais, le plus souvent, elle ne l'empêchera pas de chopper. C'est peu à peu qu'il acquerra, par l'exercice et l'habitude, l'adresse qui lui fera franchir, sans broncher, les plus mauvais pas.

Dans mon étude sur le comte d'Aure, j'ai dit que, lorsqu'il était écuyer cavalcadour, ses chevaux de chasse étaient fort recherchés, et j'en ai donné les raisons. Marchant au côté du roi, pour laisser le bon chemin au souverain, d'Aure mettait son cheval dans l'ornière. De là découlaient tout naturellement, pour ses chevaux de chasse, une sûreté de pied, une adresse, qui en faisaient des objets d'envie à la cour (1).

C'est ainsi qu'à l'aide de son seul intinct, que la nature lui donne pour guide, le cheval peut atteindre, par lui-même, une

(1) *Un officier de cavalerie. Souvenirs du général L'Hotte.* Plon-Nourrit. Paris, 1905.

adresse que l'écuyer le plus habile, avec tout son talent, serait impuissant à lui faire jamais acquérir.

La nature est le premier des maîtres. Son livre est le plus juste, le plus savant des livres, le plus utile à consulter. Des effets qu'enregistrent ses pages, il nous conduit aux causes qui les engendrent. Mieux que les plus séduisantes théories, les plus belles dissertations, il nous éclaire et nous guide dans notre pratique.

CHAPITRE VII

Quelques points controversés. — Actions diagonales, leur condamnation. — Le *pli* de l'encolure. — Talon du dedans, ou talon du dehors, pour le tourner. — Les actions du cavalier réglées sur la motion des membres du cheval. — Ne se préoccuper que de la position, en laissant au cheval le soin et le temps de disposer ses points d'appui. — C'est sur l'attitude du cheval que nos actions doivent se régler. — Changement de pied. — Emploi du talon contraire, ou du talon direct. — Départ au galop. — Sentiment des contractions.

Je vais aborder quelques points controversés.

Si l'on accorde au cheval droit et à la disposition des hanches précédant tout changement de direction l'importance qui leur revient dans la pratique de la haute équitation, il en ressort la condamnation des actions diagonales, lorsqu'elles sont présentées comme devant régir l'emploi habituel des aides ; ces actions, en raison des effets qu'elles produisent, allant à la fois à l'encontre du cheval droit et de la disposition des hanches. Elles ne doivent apparaitre que comme l'un des nombreux moyens employés momentanément pour soumettre les ressorts et en arriver à la position droite.

Mais, si une résistance un peu énergique se présentait, pour la dominer facilement, on ne saurait avoir recours aux actions diagonales. L'emploi de deux forces, rêne et talon du même côté, est alors nécessaire.

Si l'on avait recours à l'effet diagonal droit, par exemple, lorsque les hanches ou les épaules se refusent à dévier à droite, la rêne droite, dans le premier cas, le talon gauche, dans le deuxième, donneraient un appui à la résistance, en soutenant l'opposition soit des épaules aux hanches, soit des hanches aux épaules.

Le *pli* par côté, donné à l'encolure, lorsque le cheval va droit devant lui, et sur lequel les écuyers d'autrefois insistaient, doit être condamné. Pour l'emploi du cheval au dehors, le pli, qu'on appelait aussi *le placer*, n'était pas en usage. Mais il était admis que, dans le manège, le cheval était sans grâce, s'il n'était plié suivant la main à laquelle il marchait. Le pli devait partir du garrot, le cheval regardant vers l'intérieur du manège. Suivant les écoles, l'inflexion de l'encolure était plus ou moins prononcée. De là, *le pli complet* et *le pli en arc*, ou *demi-pli*.

On ne saurait voir dans cette position, imposée au cheval qui marche droit devant lui, qu'une affaire de mode, de convention, car les lois naturelles la réprouvent.

N'est-il pas, en effet, dans la nature, de regarder en suivant la direction dans laquelle on marche, et, partant, contre nature, d'avoir la tête portée de côté, lorsqu'on va droit devant soi ?

Le pli de l'encolure a une autre conséquence, enregistrée d'ailleurs par les écuyers qui le pratiquaient. Il ne se limite pas à l'encolure; une tendance instinctive le faisant s'étendre à toute la tige vertébrale. De là découle un échec complet au cheval droit.

Lorsque j'ai parlé du cheval droit et fait ressortir ses avantages, j'ai dit que, dans le cours du travail, les positions commandant les différents mouvements étaient d'autant plus justes qu'elles s'écartaient moins de la position droite, qui demeurait leur trait-d'union, et que, moins l'écart était sensible, plus facile devenait la succession rapide de mouvements variés.

Il ne saurait en être ainsi lorsque l'inflexion du cheval est prise comme base du travail; puisqu'il en résultera inévitablement un renversement complet de position, chaque fois qu'on changera de main, qu'on passera d'un mouvement, quel qu'il soit, au mouvement contraire.

Il faut dire, à la défense des écuyers d'autrefois, que leurs vues ne se portaient pas vers des exercices entrainant des changements de position rapides et rapprochés.

Quoi qu'il en soit, en principe, le cheval ne saurait être complètement harmonisé dans l'emploi de ses forces, si l'accord n'existe pas entre ses différentes régions, qui doivent être disposées en raison de la ligne à suivre. De la tête aux hanches, il doit donc être droit, s'il suit un ligne droite, et infléchi, dans le cas seulement où il suit une ligne courbe.

Dans les pas de côté, toutefois, le placer trouve sa place. Il fait regarder le cheval dans la direction où il va, ajoute à sa grâce, et contribue à attirer l'épaule du dehors, à laquelle incombe la tâche la plus laborieuse. Mais encore le pli doit-il être très peu prononcé, pour que l'action de la rêne qui le provoque ne réagisse pas sur les hanches, et pour ne pas entrainer un renversement accentué de position dans les contre-changements de main et mouvements analogues.

La disposition des hanches, en raison de son action déterminante pour imprimer la direction, pourra donner les moyens d'éclairer certaines questions.

Ainsi devra-t-il en être de la question se rapportant à l'emploi du talon du dedans ou du talon du dehors pour le tourner.

On est même en droit de se demander comment l'opinion attribuant le rôle principal au talon du dehors a pu persister chez ceux qui, prenant la nature pour guide, ont vu la manière dont le cheval en liberté opère le tourner. Mais, sans en référer à ce témoignage, et même sans s'appesantir sur les conséquences découlant de la disposition des hanches, la question devait trouver sa solution dans la seule décomposition des aides.

Un cavalier est en marche; on lui dit de tourner à droite en se servant uniquement de ses jambes. Aura-t-il la pensée de se servir de sa jambe gauche? Évidemment non, puisqu'alors le cheval tournerait infailliblement à gauche.

Or, du moment où une action produit un effet en opposition directe avec le but recherché, elle ne peut constituer une action déterminante et ne saurait représenter qu'un moyen rectificatif.

Ainsi en est-il de la jambe du dehors dans le tourner ; j'ajoute : lorsqu'il rentre dans l'équitation élémentaire.

S'il s'agit de la haute équitation, comme je l'ai expliqué, il en est autrement. Ce n'est plus un rôle rectificatif, mais complémentaire, qui est dévolu au talon du dehors, pour parfaire le tourner, dont l'initiative appartient toujours au talon du dedans.

Une autre question, qui demeure toujours ouverte, est celle qui se rapporte aux actions du cavalier, se réglant, ou non, sur la motion des membres du cheval.

Il y a même désaccord entre ceux qui professent la première opinion. Ainsi, les uns veulent que le tourner s'entame avec l'épaule du dehors; les autres, avec l'épaule du dedans. La Broüe, La Guérinière comptent parmi les premiers; Aubert et plusieurs auteurs modernes parmi les seconds.

Sans aller plus loin, on voit déjà la question perdre beaucoup de son importance, puisque les uns et les autres faisaient certainement fort bien tourner leurs chevaux.

Toutefois, s'il fallait opter entre les deux opinions, c'est à celle de La Guérinière qu'il y aurait lieu de se ranger.

En effet, dans le tourner, c'est à l'épaule du dehors, qui chevauche par-dessus celle du dedans, qu'échoit le rôle le plus laborieux, et son premier pas serait rendu plus laborieux encore par l'écart de l'épaule du dedans, si celle-ci prenait l'initiative du déplacement par côté.

La Guérinière et Aubert ne parlent que des épaules, mais il y a lieu d'envisager aussi les hanches, dont le jeu donne également raison à La Guérinière.

Pour rendre ce que je vais en dire plus facilement saisissable, je prendrai le cheval marchant au trot écouté, ainsi d'ailleurs que le fait Aubert pour sa démonstration concernant les épaules.

Le cheval tourne par ses deux bouts, il ne faut pas l'oublier, et, si le mouvement s'entame avec l'épaule du dehors, il se trouve favorisé par le jarret du dedans qui, s'engageant sous la masse, chasse les hanches en dehors. Tandis que, si le tourner débute par l'épaule du dedans, le jarret du dehors, en raison de son écart, forme une sorte d'arc-boutant qui, loin de favoriser la déviation des hanches en dehors, peut l'entraver.

La discussion dans laquelle je viens d'entrer n'est, à mes yeux, d'aucune valeur, d'aucun intérêt pour l'écuyer. Tout autres sont ses préoccupations, lorsqu'il prend la disposition des hanches pour point de départ de la position commandant le tourner.

La position seule le préoccupe ; c'est le seul langage auquel ses aides aient recours, et il laisse au cheval le soin et le temps de disposer en conséquence ses points d'appui.

Il en est de même pour tout autre mouvement que le tourner.

D'Aure, dans sa large pratique ; Baucher, pour l'exécution des plus hautes difficultés, n'ont, ni l'un ni l'autre, réglé leurs actions sur la motion des membres du cheval.

En équitation, il ne s'agit pas d'alambiquer, de suivre minutieusement le cheval dans le lever et le poser de chacun de ses membres, de régler nos actions sur l'un ou l'autre de ces phénomènes si fugitifs. Il faut envisager l'art à un point de vue plus large, sous peine de s'engager dans une voie peu pratique et d'aggraver les difficultés, si nombreuses déjà, inhérentes à l'équitation.

Ainsi en est-il, en particulier, du départ

au galop sur un pied déterminé, basé sur le poser d'un membre, et tel qu'Aubert l'établit.

Il veut que le départ au galop sur le pied droit soit déterminé au moment du poser du pied gauche de derrière. C'est ce que l'auteur appelle : « Saisir le temps de jambe. »

Il faut donc, à la fois, que le poser du pied soit parfaitement senti par le cavalier, que celui-ci soit assez maître de sa main et de ses jambes pour les mettre, à cet instant même, en jeu, avec l'accord réclamé pour l'enlevé du galop, et que l'obéissance du cheval soit instantanée ; sans quoi le moment opportun, le temps de jambe, est perdu.

Que d'exigences auxquelles il faut satisfaire, pendant ce court instant que dure l'appui d'un pied sur le sol !

Pour tourner, au moins en partie, ces difficultés, Aubert en arrive à conseiller l'abandon de tout effet de main et, avec les chevaux froids, l'emploi d'un appel de langue, ou d'un léger coup de gaule derrière la botte, qu'il substitue alors à l'aide des jambes.

Dans les applications de l'équitation savante, il y a certains mouvements qui exigent une grande précision dans l'emploi des moyens qui les déterminent. Cette précision peut bien répondre à la motion des membres, mais ce n'est pas elle qui règle nos actions. C'est l'attitude que le cheval affecte dans son ensemble et dont la motion des membres n'est que la conséquence, qui nous guide et nous fait sentir l'instant où nos aides doivent agir.

Ainsi en est-il du changement de pied sur une foulée de galop désignée.

Pour en arriver là, il y a une progression à suivre.

Dans le principe, le changement de pied n'est pas obtenu aussitôt que la position qui le sollicite est donnée. J'en dirais autant du départ au galop. Il faut alors attendre le cheval, car c'est lui qui exécute.

Si l'on voulait qu'aussitôt demandé le changement de pied fût obtenu chez le cheval qui n'est pas encore familiarisé avec ce mouvement, il faudrait l'arracher, en quelque sorte, par le renversement des épaules, le traversement des hanches, ce que la saine équitation réprouve.

A mesure que le cheval se familiarise avec le changement de pied, plus facilement il prendra la position qui le provoque, et plus promptement l'exécution y répondra.

Lorsque la prompte obéissance du cheval sera assurée, pour changer de pied sur une foulée désignée, le cavalier n'aura qu'à se régler sur le branle même du galop. C'est lui qui nous guidera dans l'emploi de nos aides, dont l'effet devra se faire sentir, à l'instant où l'avant-main descendra vers le sol.

C'est, de même, sur l'attitude qu'affecte l'ensemble du cheval, dans le piaffer, le passage, en se portant alternativement d'un diagonal sur l'autre, que se règle la succession de nos actions.

L'instant où le changement de pied doit être demandé sur une foulée désignée se trouve donc précisé sans que le cavalier ait à se préoccuper de la motion des membres.

Quant à la combinaison d'aides à employer pour obtenir l'interversion du jeu des bipèdes latéraux, qui constitue le changement de pied, il n'y a pas unanimité d'opinion chez les écuyers.

L'accord existe bien sur l'emploi de la main à laquelle il appartient de décharger l'épaule qui doit gagner du terrain, en reportant le poids de l'avant-main sur l'épaule qui doit rester en arrière ; par conséquent, sur l'épaule droite, s'il s'agit de passer du galop à droite au galop à gauche. On y parvient en ouvrant la rêne droite, si l'encolure est raide ; si elle est flexible, en l'infléchissant à gauche et la faisant refluer sur l'épaule droite.

En équitation savante, la perfection veut

que le déplacement du poids soit réduit aux dernières limites du nécessaire, au moyen d'un léger effet latéral de la main, et sans modifier la direction de l'encolure, tout changement de direction imprimé à cette région ayant pour conséquence de porter atteinte à la position droite, et par lui-même, et par la réaction qu'il produit sur les hanches.

Là où le désaccord se présente, c'est dans l'usage à faire des talons ; les uns préconisant l'emploi du talon du dehors, dit aussi *talon contraire*, les autres l'emploi du talon du dedans, dit aussi *talon direct*. Ces deux moyens, convenablement employés, peuvent, l'un et l'autre, produire l'effet recherché.

Ainsi, le cheval galopant sur le pied droit, le changement de pied sera obtenu au moyen du talon contraire, talon droit, lorsqu'il sera employé de manière à faire dévier les hanches à gauche ; cette déviation ayant pour conséquence de chasser en avant le jarret gauche, tout en portant le cheval au traversement, qu'il est naturellement disposé à prendre, lorsqu'il galope sur le pied gauche.

Le même changement de pied sera obtenu au moyen du talon direct, talon gauche, lorsqu'il sera employé — ainsi que je l'ai expliqué ailleurs — de façon à attirer sous le centre le jarret gauche.

Ces deux moyens trouvent chacun leur emploi :

Le premier, lorsque l'obéissance du cheval aux aides n'est pas complète. Il satisfait, d'autre part, à toutes les exigences que comporte l'équitation de campagne ; le cheval pouvant, d'ailleurs, sans inconvénient, se traverser un peu dans la pratique de l'équitation usuelle.

Le second, d'un emploi plus fin, plus délicat, offre à l'équitation savante l'avantage de maintenir le cheval droit, avantage inappréciable pour ce genre d'équitation, et qui donne le moyen d'obtenir, avec toute facilité, les changements de pied aux trois temps, aux deux temps, au temps.

Cela se comprend. Le cheval droit écarte tout traversement, toute inflexion par côté. Il exige que les déplacements de poids soient réduits à l'indispensable. Partant, aucun renversement de position, pour passer du galop sur un pied au galop sur l'autre ; et la modification de position, que réclame chaque changement de pied, devient alors assez peu sensible pour que, un changement de pied obtenu, un autre puisse être aussitôt demandé.

La facilité d'obtenir des changements de pied rapprochés repose donc entièrement sur la perfection du changement de pied isolé. Là gît la difficulté, et, ici comme en tout, si l'à-peu-près est facile, il en est autrement de la perfection, ou de ce qui en approche.

Tout ce que j'ai dit de l'emploi de la main et des talons, pour obtenir les changements de pied, s'applique également aux départs au galop.

Les uns et les autres doivent être obtenus sans actions apparentes de la part du cavalier, lorsque c'est l'équitation savante qui est envisagée.

Dans les changements de pied rapprochés, il faut surtout éviter les déplacements d'assiette ; qu'ils se fassent par une torsion du buste, ou en le portant d'une fesse sur l'autre. Ces mouvements, auxquels le cavalier n'est alors que trop enclin, rompent l'harmonie qu'il doit conserver avec sa monture. Disgracieux en eux-mêmes, le bon goût les condamne, et ils font perdre à l'air toute son élégance et tout son charme.

Le cavalier, demeurant intimement lié à son cheval, n'a qu'à l'accompagner dans le léger bercement où il doit paraître se complaire et qui le fait passer successivement du galop sur un pied au galop sur l'autre.

L'application des changements de pied rapprochés peut se faire de deux manières :

1° En faisant une reprise complète, comprenant la marche circulaire et de deux pistes, d'abord aux trois temps, ensuite aux deux temps, puis au temps;

2° En mariant ces différents changements de pied dans une seule reprise et les alternant avec le maintien du galop sur le même pied.

Cette manière d'émailler la reprise de galop, en l'entremêlant de changements de pied rapprochés, apporte de la variété dans le travail et, tout en évitant sa monotonie, empêche le cheval de céder à la routine, en ne le laissant pas continuer, de lui-même, des changements de pied qui ne seraient plus provoqués.

Au lieu de chercher à régler ses actions sur la motion des membres, l'écuyer trouvera un champ d'études autrement intéressant et fécond, en s'appliquant à perfectionner la position, c'est-à-dire la combinaison des forces et, par suite, la répartition de la masse, propres à chaque mouvement.

Pour pouvoir détruire promptement les résistances qui s'opposeraient à la rectitude de la position et provoquer l'emploi des forces qui en assureront la justesse, l'écuyer doit s'efforcer d'acquérir le sentiment des contractions.

Afin de mettre ce sentiment en évidence et de faire apprécier sa valeur, je prendrai le cheval qui, à la demande du galop sur le pied droit, répondrait par la combinaison de forces donnant le galop sur le pied gauche.

Le cavalier dénué de tout sentiment équestre ne pourra s'en rendre compte que par les yeux, lorsque le galop sera déterminé.

Celui qui sent un peu son cheval s'apercevra à l'aide de l'assiette, et après deux ou trois foulées de galop, que le cheval est parti sur le pied gauche.

L'homme de cheval, qui a assez de tact pour apprécier la position d'où découlerait le galop à gauche, la rectifiera et, avant de provoquer le départ, lui substituera la position propre au galop à droite.

Enfin l'écuyer qui a le sentiment des contractions n'aura pas à rectifier une fausse position, ne la laissant pas se produire. Il la préviendra, en combattant, dès leur origine, les contractions qui devaient l'entraîner, pour leur substituer celles donnant la position propre au départ au galop sur le pied droit.

L'échelle que je viens d'établir suffit pour mettre en évidence la lenteur ou la rapidité que présentera un dressage, par suite du degré de talent qui sera le partage du cavalier qui l'entreprendra.

Il faut assurément être doué d'une manière exceptionnelle pour l'équitation et avoir beaucoup travaillé, pour en arriver à posséder ce sentiment si fin, qui s'appelle sentiment des contractions. Mais les résultats qu'il entraîne sont trop enviables pour ne pas s'efforcer de l'acquérir.

Donnant le moyen de prévenir les fautes, au lieu d'avoir à les corriger, le dressage prend, avec son aide, la marche la plus rapide, et l'exécution pourra atteindre à la perfection.

CHAPITRE VIII

Répartition du poids du cheval entre ses épaules et ses hanches. — Modifications qu'y apportent les changements d'attitude de l'encolure. — Trot enlevé; son mécanisme; ses avantages.

Il importe à la conduite du cheval, surtout pour son emploi à l'extérieur, de connaître l'action exercée par l'encolure et ses changements d'attitude sur la répartition du poids entre les épaules et les hanches.

Voici, à ce sujet, des expériences qui ont été faites au moyen de deux balances de proportion, à planchers mobiles, sur l'une desquelles reposaient les pieds de devant du cheval et, sur l'autre, ceux de derrière.

Trente-deux chevaux de conformations diverses servirent à ces expériences, et la moyenne des pesées a donné les résultats suivants :

La tête étant à 45 degrés sur la verticale et plutôt basse qu'élevée, le poids supporté par les épaules l'emporte sur celui qui pèse sur les hanches d'un neuvième à peu près du poids total du cheval. Partant de cette position de la tête, selon qu'elle est relevée et jetée en arrière, ou abaissée et ramenée vers le poitrail, dix kilogrammes environ sont reportés des épaules aux hanches ou, au contraire, des hanches aux épaules.

Ces mêmes expériences ont montré qu'une encolure longue, bien que légère, met plus de poids sur les épaules qu'une encolure épaisse, mais courte, et que ses changements d'attitude entraînent des déplacements de poids bien autrement sensibles. La simple réflexion suffit d'ailleurs à en démontrer l'évidence.

Les expériences n'ont pas compris d'autres changements de position de la tête que ceux que j'ai mentionnés. Il eût été intéressant de connaître la modification qu'entraîne, dans la répartition du poids, l'extension complète du bout de devant, telle, par exemple, qu'elle se présente chez le cheval de course mis dans tous ses moyens. A défaut de pesées ayant donné ce renseignement, on entrevoit la surcharge de poids qu'une encolure ainsi tendue doit apporter sur les épaules au profit des hanches.

D'autres expériences furent faites pour savoir comment le poids du cavalier se répartissait sur sa monture. Elles constatèrent que le cheval porte sur ses épaules environ les deux tiers du poids du cavalier, quand celui-ci tient le buste droit ; la moitié, lorsqu'il incline sensiblement le corps en arrière ; et les cinq sixièmes lorsqu'il se porte entièrement sur les étriers. On peut juger par là quelles translations de poids considérables peuvent être obtenues, soit vers les épaules, soit vers les hanches, lorsque la position que peut prendre le cavalier se combine avec l'extension de l'encolure ou, au contraire, son élévation.

Sans aller à des limites extrêmes, le cavalier peut trouver, dans la distribution de son propre poids, les moyens de contribuer à la modification d'équilibre qu'il y aurait lieu de rechercher chez le cheval, soit pour allonger ou raccourcir ses allures, soit pour les régulariser. D'Aure y excellait.

Les expériences dont je viens de parler, en montrant l'influence exercée sur la répartition du poids par l'attitude donnée à l'encolure, suffiraient à faire toucher du doigt l'erreur dans laquelle tombent les cavaliers qui s'obstinent à demander, chez les chevaux portant bas naturellement, une élévation accentuée de l'encolure. Les actions de mains qui recherchent cette élévation ne s'arrêtent même pas à un déplacement inopportun du poids; elles vont plus loin, en prenant aussi sur les forces impulsives, qu'on ne sent plus alors aller généreusement en avant. Certes, tout cavalier voudrait avoir son cheval bâti en montant et se trouver couvert par une encolure haut greffée; mais tous les chevaux employés à la selle ne sont pas construits d'une façon aussi avantageuse, et de tous cependant le cavalier doit savoir tirer parti, en faisant les concessions nécessaires.

Il faut d'ailleurs s'en convaincre : C'est en vain que le cavalier s'efforcera d'amener le cheval à conserver son encolure élevée, lorsque sa construction s'éloignera sensiblement de celle que j'ai signalée comme étant désirable. Ce ne sera jamais que momentanément que le cheval maintiendra de lui-même son encolure dans une attitude qui lui est imposée et qui est contraire à sa construction. Si les exigences du cavalier s'exagèrent, alors, sous l'opposition sans cesse renouvelée de ses mains, le cheval deviendra contraint, perdra sa liberté d'allures; et, son rein, ses jarrets, étant surchargés, entravés dans leur jeu, l'harmonie des mouvements sera détruite. Le but à poursuivre ici doit se borner au soutien et à l'élasticité de l'encolure; rien de plus. Son élévation, pour arriver à ce résultat, pourra bien être sollicitée, mais seulement momentanément, le cavalier laissant ensuite l'encolure prendre la direction répondant à la conformation propre au cheval dont il entreprend le dressage.

Pour mettre en lumière l'influence que le corps du cavalier, la répartition de son poids peuvent exercer sur les allures, sur leur allongement, leur raccourcissement, leur régularisation, il suffit de faire appel au trot enlevé.

On sait que, avec cette manière de trotter, le buste du cavalier se porte alternativement en avant, puis en arrière, pour revenir à sa position primitive. Ces déplacements marchent d'accord avec le lever et le poser d'un même bipède diagonal. Le cavalier reçoit la réaction produite par la détente du bipède avec lequel il s'accorde, et y cède, en inclinant légèrement et progressivement le buste en avant. Puis, prenant un léger appui sur les étriers, il se maintient, un instant, dans cette position, les fesses près, mais isolées de la selle, pendant que se produit la détente de l'autre diagonal, dont la réaction est ainsi évitée. Le fond de la selle est repris, en même temps que le diagonal, *avec* lequel on trotte, revient au poser.

Avant d'aller plus loin, je ferai remarquer que je dis : *avec*, et non *sur*, ainsi qu'il est dit communément, parce que cette dernière expression peut prêter à confusion, le cavalier prenant appui sur les étriers, au moment où le diagonal, opposé à celui avec lequel il doit s'accorder, fait sa battue.

Les déplacements du buste que comporte le trot enlevé, bien que maintenus dans des limites restreintes, n'en exercent pas moins sur le cheval une action assez sensible pour que le diagonal, avec lequel le cavalier marche d'accord, couvre plus de terrain que l'autre. Tout cavalier qui a pratiqué le trot enlevé avec un peu d'attention a pu s'en convaincre.

Voici l'explication de ce que la pratique constate :

Supposons que le cavalier, trottant avec le diagonal droit, vient de recevoir la réaction produite par la détente de ce diagonal et qu'il y cède. Lorsque, l'inclinaison du buste en avant arrivant à sa limite, le cavalier pèse sur les étriers, c'est l'instant où se produit tout l'effet de la détente du diagonal gauche, qui fait cheminer et chasse en avant le diagonal droit, en ce moment au soutien. Celui-ci gagne alors d'autant plus de terrain que le poids du cavalier, porté en entier vers les épaules, l'y sollicite.

Lorsque le diagonal droit arrive, à son tour, au poser, c'est l'instant où le cavalier prend le fond de la selle, et, pour cela, il se laisse aller en arrière. Le poids de son buste, se trouvant ainsi porté vers les hanches, amortit l'effet produit par la détente du diagonal droit et, par suite, restreint l'embrasse de terrain du diagonal gauche, alors au soutien.

En dehors de l'influence exercée par ces deux translations de poids inverses, dues aux déplacements du buste, il faut remarquer que, le cavalier se trouvant isolé de la selle au moment du poser du diagonal gauche, la détente de celui-ci s'en trouve encore favorisée. Tandis que, le contact avec la selle étant pris au moment du poser du diagonal droit, le choc qui en résulte, quelque léger qu'il soit, contrarie néanmoins la détente de ce diagonal. L'effet de ce léger choc est, d'ailleurs, rendu plus sensible, par suite de l'instant où il se produit et qui répond au départ même de la détente.

Le diagonal avec lequel trotte le cavalier, en gagnant plus de terrain que l'autre, a pour conséquence d'entraîner les hanches de son côté et, par suite, de les faire dévier à droite, si c'est avec le diagonal droit que le cavalier s'accorde.

L'effet en est appréciable chez tous les chevaux, mais particulièrement chez ceux qui, par le dressage, ont acquis une position rigoureusement droite. Chez ceux-ci, une seule promenade, faite en trottant toujours avec le même diagonal, suffit pour porter atteinte à la rectitude de la position. Que, le lendemain, le cheval soit monté au manège, et, au début du travail, on s'en apercevra.

Chez certains de ces chevaux confirmés dans la position droite, il s'en trouve même qui sont assez impressionnés par les déplacements du corps du cavalier, pour que, dès la première battue, les hanches dévient soit à droite, soit à gauche, lorsque le cavalier passe alternativement d'un diagonal à l'autre.

Il faut donc trotter tantôt avec l'un, tantôt avec l'autre, afin que le trot enlevé ne porte pas atteinte à la rectitude de la position du cheval, par suite, à la régularité de ses mouvements, et aussi pour égaliser le travail de ses membres.

Rarement le cheval qui n'y a pas été préparé présente une égale facilité pour être trotté indistinctement avec l'un ou l'autre diagonal.

La préférence pour l'un d'eux trouve souvent sa source dans des imperfections de structure, la nature paraissant si souvent s'être négligée dans une partie de son œuvre. D'autres fois, c'est la conséquence d'une fausse position résultant d'habitudes acquises.

Toujours est-il que, chez le cheval présentant un écart un peu accentué à la position droite, le trot enlevé est pris aussi facilement avec le diagonal du côté où le cheval se traverse que difficilement avec le diagonal opposé.

Dans ce cas, on voit des chevaux perdre tout le brillant de leurs actions et ne plus présenter qu'embarras et confusion dans leurs mouvements. Il y en a même qui se trouvent tellement gênés qu'ils font un véritable changement de pas pour que les sollicitations exercées par le corps du cavalier, cessant de contrarier leur position traversée, marchent d'accord avec elle.

Il est à remarquer aussi que, soit par un fait d'habitude, soit par suite d'irrégularité dans leur position, bien des cavaliers ont une prédisposition marquée pour trotter toujours avec le même diagonal et éprouvent une grande difficulté pour passer de ce diagonal à l'autre. Pour le faire sans interruption, il suffit cependant de recevoir les deux réactions qui se succèdent et, au lieu de céder à la première, de céder à la seconde.

L'absence de toute préférence pour un diagonal parle presque autant en faveur du cavalier qu'en faveur du cheval.

Les avantages que présentent le trot enlevé sont nombreux.

Le cavalier, tout le premier, en a retiré de grands bienfaits, n'ayant plus à supporter qu'une réaction sur deux, et encore celle-ci se trouvant singulièrement amortie. Aussi la maladie, désignée anciennement sous le nom de « maladie des hommes de cheval », et qui était assez commune, a-t-elle complètement disparu. Cette affection provenait de l'échauffement de l'assiette, dû aux chocs, aux frottements, qui étaient encore augmentés par le drap ou le velours qui jadis recouvrait la plupart des selles.

Le cheval, autant que le cavalier, plus que lui peut-être, tire bénéfice du trot enlevé, en ne recevant plus, à chaque battue, la secousse à laquelle sa tige dorsale, ébranlée, devait résister. L'allure devient plus coulante, s'étendant d'elle-même aussitôt que le temps d'enlevé est pris.

Le cavalier trouve aussi, dans cette manière de trotter, des ressources pour redresser le cheval qui se traverse, régulariser l'allure, obtenir le galop sur le pied que le cheval se refusait à prendre.

Pour atteindre ce dernier résultat, le cavalier doit trotter avec le pied sur lequel le galop ne peut s'obtenir, et allonger progressivement l'allure. Lorsque, arrivé au bout de son trot, le cheval ne pourra plus conserver cette allure, il sera entraîné à prendre de lui-même le galop du côté où il se traverse, partant, sur le pied gagnant le plus de terrain et qui est celui avec lequel trotte le cavalier.

CHAPITRE IX

Position du cavalier dans l'équitation savante. — Le cavalier *accompagne* le cheval. — Les déplacements d'assiette sont proscrits. — Les aides doivent être secrètes. — C'est le cheval qui est l'exécutant. — Position du cavalier dans les défenses. — Emploi que, à l'état libre, le cheval fait de son encolure. — Soumission de l'encolure chez le cheval monté. — Sa liberté relative dans le saut.

Dans la pratique de la haute équitation, la position que le cavalier doit observer est la position académique, qui ne devra s'altérer à aucun moment du travail.

Dans les changements de direction, pour rester en parfaite harmonie avec le cheval, la disposition que le corps du cavalier doit affecter ne devra pas précéder celle que prend sa monture, ni même la suivre, mais l'*accompagner*. Il y a là une nuance que devra sentir le cavalier pratiquant l'équitation savante, et qui fait qu'il se liera de la façon la plus intime à son cheval.

Il en est de même pour tous les mouvements, qu'ils se fassent d'une ou de deux pistes, et particulièrement pour les changements de pied, que le corps du cavalier ne doit surtout jamais accuser.

Les déplacements d'assiette sont proscrits en toutes circonstances, le cavalier devant toujours rester soudé à son cheval.

Les opérations des mains, des jambes doivent être assez secrètes pour que l'œil ne puisse les saisir.

Enfin, tout ce qui peut attirer l'attention sur sa personne doit être évité par le cavalier. C'est le cheval qui est l'exécutant, et le cavalier n'a qu'à s'efforcer de s'identifier avec lui.

Dans les cas de défense, loin de se maintenir d'accord avec les translations de poids émanant du cheval, le cavalier doit imprimer à son buste une direction qui leur est diamétralement opposée ; bien moins en vue de combattre les défenses par une opposition de poids, tout à fait insuffisante pour les paralyser, que dans le but de rester en selle, en résistant aux cabrades ou ruades.

Le cheval fait de son encolure un emploi des plus variés, alors qu'à l'état libre il peut en disposer à son gré. Tantôt il la met en concordance avec le mouvement, d'autres fois l'y laisse indifférente, ou bien lui donne une attitude contraire.

C'est ainsi que, au cours d'un même tourner, on peut voir le cheval donner à son encolure des attitudes diverses et parfois la porter tout à fait du côté opposé au tourner ; souvent alors pour faire contre-poids à une inclinaison trop accentuée de la masse.

Dans ce dernier cas, le cheval emploie son encolure à la façon de l'acrobate son balancier, pour rétablir l'équilibre. Il en est de même dans d'autres circonstances. Qu'un cheval tombe sur le côté, accidentellement, ou qu'il y soit contraint pour subir une opération, il jette avec force son encolure du côté opposé à celui où le corps incline. Aussi est-il donné comme principe au cavalier, aussitôt qu'une chute sur le côté devient certaine, de se jeter, lorsqu'il le peut, du côté où le cheval porte sa tête, pour ne pas être pris sous lui.

L'indépendance avec laquelle le cheval libre use de son encolure ne peut, bien entendu, lui être conservée lorsqu'il est monté. Il est indispensable que l'encolure soit alors maintenue dans l'obéissance, son degré de soumission répondant aux exigences du service auquel le cheval est employé.

Toutefois, lorsque le cheval est appelé à faire un effort demandant l'emploi de tous ses moyens et qu'il est éclairé sur ce qu'il a à faire par l'objet même motivant son effort, un obstacle à franchir, par exemple, toute liberté doit lui être laissée dans l'emploi de son encolure. Son seul instinct, bien mieux que tout ce que pourrait faire le cavalier, le guidera dans l'utilisation des différentes ressources que la nature lui a données.

La liberté d'encolure, qu'il est si utile de laisser au cheval pour l'aider dans les sauts et passages d'obstacles, n'exige pas l'abandon de sa tête, si ce n'est par les cavaliers d'une habileté douteuse, ainsi par les hommes de troupe, parce que, pour ceux-ci, il faut opter entre l'abandon complet de la tête ou sa contrainte, et le choix ne saurait être douteux. Si la solidité de ces cavaliers est compromise, pour ne pas s'attacher aux rênes ou éviter une chute, ils doivent saisir le pommeau de la selle. Dans la conjoncture, c'est la solution la moins fâcheuse.

Quant aux cavaliers habiles, familiarisés avec les sauts d'obstacles, ils savent laisser au cheval toute liberté dans l'emploi de son encolure, sans que, pour cela, ils aient besoin d'abandonner sa tête.

Il est à remarquer que, pour les sauts en hauteur en particulier, le cavalier inexpérimenté, au lieu de baisser les mains, est toujours disposé à les élever. Il en résulte même parfois que le cheval retombe sur les jarrets, après avoir franchi l'obstacle, au lieu de se recevoir sur les épaules.

Il suffit d'avoir vu des chevaux sauter en liberté pour se convaincre de l'entrave que l'élévation des mains apporte à l'effort que le saut réclame.

Un cheval libre aborde la barrière ; le spectateur, placé derrière lui, le suit du regard et voit ses oreilles au-dessus de sa ligne du dos. Au moment où le devant s'enlèvera pour passer au-dessus de l'obstacle, la tête et l'encolure, loin de s'élever, s'étendront, et les oreilles, masquées par le garrot, disparaitront. Le cheval semble alors, à la fois, vouloir regarder au delà de l'obstacle et s'inquiéter bien plus de faire passer ses jarrets que ses genoux.

La surveillance que le cavalier doit exercer sur lui-même, en abordant l'obstacle à franchir, peut s'exprimer en trois mots : *assis*, *jambes près*, *mains basses*.

En disant *assis*, il ne faut pas voir là une inclinaison exagérée du corps en arrière qui, surchargeant l'arrière-main, amoindrirait l'effet de la détente des jarrets, à son point de départ même. Le cavalier doit s'asseoir en chassant l'assiette sous lui, de façon que, par l'élan du cheval, elle soit entraînée comme par une nappe d'eau, l'inclinaison du corps en arrière n'en étant que la conséquence et ne se produisant alors qu'après la détente des jarrets.

CHAPITRE X

Cheval à l'état de révolte. — Sa domination. — Rênes rigides; leur importance; leur description; leur emploi pour déterminer le cheval en avant, pour obtenir le tourner, pour combattre certaines défenses; leur effet moral. — Première application, faite au 1er Cuirassiers. — *Mameluck*. — *Capucin*. — Expérience faite devant le général de Noüe.

Lorsque le cheval, se présentant à l'état de révolte, se livre à des défenses, à des attaques, parfois, pourrait-on dire, il fait usage de tous ses moyens. Son encolure et ses hanches y sont employées.

L'encolure est la région qui peut être le plus facilement maitrisée; mais comme, avant tout, c'est le mouvement en avant qu'il s'agit de décider, ici encore c'est des hanches que le cavalier doit surtout se préoccuper.

Le cheval rétif, qui entre en défenses, commence par retenir ses forces impulsives; il se refuse à nous les livrer, et, lorsqu'il les emploie, c'est pour se débarrasser de son cavalier. Il faut donc l'obliger à mettre ses forces en action et leur donner, en même temps, une direction telle qu'elles ne puissent être employées aux défenses que le cheval peut méditer.

Le mouvement en avant, franchement accusé, donnera ce résultat. Tant qu'il sera entretenu, la cabrade, la ruade deviendront impossibles, le cheval ne pouvant se livrer à ces défenses sans revenir sur lui-même. Les bonds, s'ils se produisent, seront alors d'autant moins durs et répétés qu'ils auront lieu en avançant et non sur place.

Mais, au lieu de céder à la pression des jambes qui l'invite à se porter en avant, le cheval rétif s'appuie sur elles, et, si la défense n'apparait pas à ce moment, elle éclatera lorsque les éperons se feront sentir, car le cheval ramingue, au lieu de les fuir, s'y attache. Certes, un cavalier vigoureux, qui a de la tenue, triomphera quand même. Il forcera le cheval à répondre à l'étreinte de ses jambes, dont la puissance sera centuplée par les attaques énergiques et vivement répétées des éperons, attaques qui se continueront jusqu'à l'obtention de l'obéissance et cesseront aussitôt, mais sans que les jambes cessent aussi promptement leur étreinte.

Mais, quand ce ne serait que dans l'intérêt de la conservation du cheval, il est bon de ne pas engager la lutte. Le cavalier trouvera des moyens de l'éviter dans l'emploi des *rênes rigides*, sur lesquelles je vais m'étendre.

Ce qui m'engage à en parler avec détail, c'est que, si les moyens mécaniques proposés pour arrêter les chevaux qui s'emportent sont nombreux, il n'en est pas de même de ceux qui ont en vue de porter en avant le cheval qui s'y refuse. Ceux-là sont en petit nombre, et leur emploi opportun souvent difficile.

Les rênes rigides sont formées de deux fortes lames d'acier recouvertes de cuir et fixées à la partie antérieure des œils de porte-mors, où la gourmette est attachée. Elles ont l'aspect de rênes de filet ordinaires et ne sont souples que dans la partie reposant sur le garrot. Les parties rigides doivent être assez longues pour que le cavalier puisse en tenir les extrémités lorsque la tête et l'encolure sont étendues.

Pour en faire usage, le cavalier, devant abandonner les rênes de la bride, y fait un nœud, de manière à pouvoir, en cas de besoin, les ressaisir promptement. Abandonnées, elles doivent faire guirlande pour ne pas mettre obstacle à l'extension de l'encolure.

Pour déterminer le cheval en avant, le cavalier, ayant saisi à pleine main chacune des rênes rigides, agit sur elles d'arrière en avant. Leur effet, se portant directement sur la gourmette, oblige le cheval à étendre sa tête, son encolure, et à céder à l'action qui l'invite — au besoin l'entraîne — à se porter en avant.

Il faut d'abord se servir de ces rênes avec modération, car leur action engage si naturellement le cheval dans le mouvement en avant qu'habituellement il obéit aussitôt.

Mais, lorsque des chevaux ramingues résistent énergiquement, employées avec vigueur, ces rênes acquièrent une puissance en quelque sorte irrésistible.

Avec les chevaux de cette nature, la gourmette doit être serrée un peu plus que d'habitude, afin qu'elle reçoive d'une façon bien entière, sans que les montants de la bride y prennent une part, l'action qui lui est destinée.

Les rênes rigides offrent encore au cavalier de puissantes ressources pour obtenir le tourner chez le cheval qui s'y refuse.

Si c'est le tourner à droite que le cheval se refuse à prendre, le cavalier pousse en avant la rêne gauche et tire à lui la rêne droite, de façon à imprimer au mors un mouvement de torsion, qui oblige la tête à se porter à droite. Aussitôt la tête arrivée vers la direction à suivre, le cavalier, agissant d'arrière en avant sur les deux rênes, y engage le cheval.

Les moyens que je viens d'indiquer sont applicables aux chevaux qui refusent de se porter en avant, font des tête à queue, et aussi à ceux qui se cabrent, ruent sur place ou en s'acculant.

Quant aux chevaux qui se défendent tout en se portant en avant, les rênes rigides ont sur eux une efficacité moindre ; mais encore, le mouvement en avant pouvant être prononcé aussi vivement qu'on le désire, les défenses perdent une grande partie de leur dureté, et, si l'encolure est maintenue dans toute son extension, l'enlevé de la croupe, seul, sera rendu possible.

Le maniement des rênes rigides étant simple et des plus faciles, quelques instants suffisent pour le bien saisir, le cavalier n'ayant qu'à modifier la direction habituelle donnée à l'emploi de ses bras, qui ont alors à agir d'arrière en avant, et non plus d'avant en arrière.

Pendant l'emploi des rênes rigides, qui ne doit être que transitoire, les jambes du cavalier ne restent pas inactives. C'est en combinant leur action avec celle de ces rênes, dont on diminue progressivement l'emploi, que le cheval est amené à répondre avec franchise aux jambes et aux éperons employés seuls.

Ce dernier résultat, qui doit être finalement atteint, le sera d'autant plus promptement qu'ici, les mains agissant directement en vue du but poursuivi par les jambes, le cavalier ne peut plus, comme cela se présente si souvent, contrarier avec sa main l'effet que ses jambes s'efforcent de produire.

Les rênes rigides donnent un moyen de domination doux et puissant à la fois. Loin de provoquer les défenses, ces rênes les éloignent, en ne s'adressant pas directement aux forces impulsives que le cheval se refuse à nous livrer. Les hanches n'ont pas à prendre l'initiative ; elles n'ont qu'à suivre le poids, mis d'abord seul en jeu et qui les entraîne. Elles se trouvent en même temps soulagées, la translation du poids vers les épaules étant tout à leur bénéfice. La soumission du cheval en sera encore facilitée, si la source de ses défenses, ainsi qu'on en préjuge souvent, se trouve dans des imperfections affectant son arrière-main.

Les moyens communément employés pour dominer le cheval et l'éclairer sur nos volontés émanent de l'empire exercé sur ses forces ; mais on peut aussi agir directement sur son moral. Ainsi en est-il des rênes rigides. Non seulement, en s'emparant de l'encolure, elles paralysent les ressources que le cheval pourrait y puiser pour se défendre, mais, en même temps, la libre disposition de sa tête ne lui appartenant plus, il s'en trouve, en quelque sorte, enlevé à lui-même et annihilé dans sa volonté.

J'ai commencé l'emploi des rênes rigides lorsque j'étais capitaine-instructeur au 1er Cuirassiers.

Le premier essai en fut fait sur un cheval appartenant à mon ami, le capitaine Paul de Courtivron, excellent cavalier. Ce cheval se cabrait de la façon la plus dangereuse. J'en avais fait l'expérience personnelle et je vois encore mon ami, pâle et tremblant, un jour qu'il crut que le cheval se renversait sur moi. Tout en se cabrant, il avait fait demi-tour du côté du mur du manège que je longeais. Au bout de peu de temps, les rênes rigides eurent raison de ses défenses et purent être abandonnées.

Mes fonctions de capitaine-instructeur comportaient le dressage de tous les jeunes chevaux. Les remontes que recevait le régiment provenaient des plaines de Normandie, des marais de Rochefort et de Saint-Gervais. La plupart de ces chevaux n'avaient jamais porté l'homme avant leur arrivée au corps; beau-

10

coup n'avaient même été soumis à aucune sujétion.

Le première et grande difficulté à surmonter chez ces chevaux, très peu généreux de nature, était de les amener à marcher avec franchise droit devant eux sous le cavalier. Pour les plus récalcitrants j'ai employé les rênes rigides, et avec plein succès.

N'ayant pas de ces rênes telles que je les ai décrites, je les avais remplacées simplement par des bâtons et de fortes ficelles. L'appareil, malgré sa grossièreté, n'a donné que de bons résultats dans les mains de mes cuirassiers.

Lorsque je commandais la section de cavalerie de Saint-Cyr, un fait particulier me montra, de la façon la plus évidente, l'empire que les rênes rigides prennent sur le moral du cheval.

Il y avait, au manège, un cheval entier, de robe grise, nommé *Mameluck*, que le voisinage des juments exaspérait et qui se faisait alors remarquer par la violence de ses hennissements. Un jour que les élèves étaient réunis pour le travail militaire, je fis venir *Mameluck*, muni des rênes rigides. Le lieutenant écuyer Roques, qui le montait, tourna autour du peloton, où ne se trouvaient que des juments et des chevaux hongres, et passa plusieurs fois entre les rangs ouverts. Non seulement *Mameluck* ne chercha pas à s'arrêter, mais il ne faisait plus entendre que quelques petits hennissements tout à fait avortés.

Les rênes rigides que j'employais alors étaient moins grossières que celles dont j'avais fait usage au 1er Cuirassiers. Les bâtons étaient bien façonnés, enveloppés de cuir, et le cuir également avait remplacé les ficelles.

J'avais emporté l'un de ces appareils à Saumur, lorsque j'y fus envoyé en qualité d'écuyer en chef. Deux ou trois jours après mon arrivée, dans une réunion où j'avais convoqué les écuyers, je fus questionné sur les rênes rigides, dont je fis alors connaître le maniement et l'emploi.

A la suite de mes explications, un cheval de carrière, de robe grise, bistourné, nommé *Capucin*, me fut signalé comme ramingue invétéré, se défendant avec violence aux éperons et se débarrassant souvent de son cavalier.

Le lieutenant sous-écuyer Javey s'étant appesanti sur les difficultés que ce cheval présentait, je lui dis que, séance tenante, il allait juger par lui-même de l'efficacité des rênes rigides.

Capucin, muni de l'appareil, fut amené au manège des écuyers, et M. Javey le monta avec un succès complet. Sous l'attaque des éperons, plusieurs fois renouvelée et appuyée de l'action énergique des bras, le cheval ne sut que fuir en avant, et sans qu'il se défendit une fois.

Cette même année de mon arrivée à Saumur, le général de Noüe inspectait l'école. Il désira juger par lui-même de l'efficacité des rênes rigides, dont lui avait parlé le général Crespin, commandant l'école.

Je fis venir au manège quatre chevaux, réputés les plus rétifs de la catégorie désignée alors sous le nom de « petite carrière », et qui était composée, en grande partie, des chevaux vicieux envoyés des régiments. Ces quatre chevaux furent d'abord montés et conduits avec toute facilité par les sous-maitres de manège. Le général de Noüe m'ayant demandé si, avec des cavaliers moins vigoureux et adroits, le succès serait le même, je fis enfourcher ces chevaux par les cavaliers de remonte qui les avaient amenés au manège. Ils durent monter pieds nus, leurs sabots ne pouvant entrer dans les étriers. Je leur expliquai qu'à mon avertissement de se porter en avant, ils n'auraient qu'à agir sur les bâtons, comme s'ils poussaient une brouette. Ces hommes avaient vu se défendre les chevaux qu'ils allaient monter et auxquels ils donnaient seulement les soins d'écurie. Aussi l'émotion de ces cavaliers si peu expérimentés était bien visible. Ils n'en firent pas moins sortir très facilement les chevaux du rang. Je leur avais recommandé d'agir avec vigueur des bras, si le cheval opposait de la résistance. Le cavalier qui montait le *Carme*, réputé le plus rétif des rétifs, n'attendant pas que la résistance se produisît, poussa immédiatement le cheval en avant avec une telle force qu'il faillit le faire tomber sur les genoux.

Pendant tout le temps que je fus écuyer en chef, deux paires de rênes rigides figurèrent au porte-chambrières placé près des piliers, afin qu'en cas de besoin chacun pût avoir sous la main ce moyen de domination.

On avait donné mon nom à ces rênes, mais c'est à tort; ce n'est pas moi qui les ai inventées; je n'ai fait que les vulgariser aux époques dont je viens de parler. C'est en 1854 que Baucher me les fit connaître, me demandant de les expérimenter. Il me montra le modèle qui lui avait été envoyé d'Italie et qui était tel que celui que j'ai dépeint. L'inventeur se nommait Giovanni Sala et avait été élève de Baucher, lorsque celui-ci donnait leçon à Milan. C'était l'époque où l'équitation du maître exigeait chez le cavalier un emploi énergique et constant des jambes. Giovanni Sala manquait de force dans les jambes, et c'est en cherchant le moyen de les remplacer par un autre agent que lui vint l'idée des rênes rigides.

CHAPITRE XI

Équitation militaire. — Nécessité de procédés d'instruction très simples. — Bases de ces procédés. — Avantages du travail à distances indéterminées. — Emploi du travail à distances fixes. — Avantages du carré tracé en terrain libre. — Indications à tirer de la manière dont la piste est tracée. — Sauts des obstacles par les hommes de troupe. — Saut de la barre par le 18e Dragons en colonne de pelotons. — Utilité de laisser les chevaux livrés à leur instinct. — Quelques emprunts au Règlement de 1876 : Conversion du régiment; marche à volonté; ralliement.

L'équitation militaire a occupé une trop large place dans ma vie pour que je ne lui consacre pas quelques pages toutes spéciales.

Les considérations dans lesquelles je vais entrer viseront le Règlement de 1876 sur les exercices de la Cavalerie, que je supposerai connu. Elles relieront le dressage du cheval de troupe à l'instruction du cavalier du rang, ainsi qu'à l'enseignement qui peut être donné par les instructeurs dont nos régiments disposent.

Les instructeurs des régiments, sauf de rares exceptions, ne sont pas des savants en équitation. D'autre part, les moyens employés pour l'instruction doivent être choisis de manière à se trouver à la portée de tous les cavaliers du rang. De là nécessité de procédés d'instruction d'une grande simplicité.

Le règlement l'a prévu, en prenant pour bases essentielles de ses procédés des lignes droites à suivre et les tourner qui les relient. Je parlerai d'abord des lignes droites, ensuite des tourner.

Les lignes droites sont exactement déterminées, d'une part, par les jalons limitant le carré, unis à ceux marquant le milieu des côtés; d'autre part, par la perpendiculaire au côté vers lequel le cavalier se dirige lorsqu'il traverse le carré, soit dans sa largeur, soit dans sa longueur.

On a avancé que suivre la ligne droite était l'une des choses les plus difficiles en équitation. Il n'en est rien. Il est bien plus difficile de maintenir le cheval sur un cercle dont le rayon est exactement déterminé. Mais ce qui est vrai, c'est qu'une ligne droite bien précisée donnant une direction très facile à saisir, tandis qu'il n'en est pas de même de la ligne courbe, il s'en suit que, dès qu'un écart à cette direction se produit, le cavalier s'en aperçoit aussitôt. Guidé alors, pour ainsi dire, par son seul instinct, le cavalier fait usage de sa main et de ses jambes pour ramener le cheval dans la direction à suivre, et ces rectifications répétées conduisent peu à peu le cavalier à faire un juste emploi de ses aides, si son attention est soutenue.

Pour ce qui est du cheval, il ne suit pas de lui-même ces lignes droites, et le fait seul de le ramener dans la direction à suivre, chaque fois qu'il s'en écarte, lui impose la soumission.

D'autre part, l'instructeur trouve dans les lignes droites à tenir, et qui sont déterminées pour lui d'une manière tout aussi précise que pour le cavalier, une base assurée pour faire ses observations et rappeler au cavalier ce qu'il doit faire lorsqu'il le néglige.

Ceci dit des lignes droites, passons au tourner.

Il est dans l'instinct du cheval de les adoucir le plus qu'il peut et, par suite, de réduire en un seul deux tourner qui se succèdent à courte distance. C'est ainsi que le cheval, livré à lui-même, ne suit pas plus le petit côté du carré qu'il ne fait un doubler. Son tourner s'étend d'un grand côté du carré à l'autre; pas un instant, le cheval n'est sur la ligne droite, et, plus l'allure est vive, plus l'arc de cercle s'accentue.

Les progrès de l'instruction du cavalier et du dressage du cheval se caractérisent par le redressement progressif de cet arc de cercle. Il peut n'y avoir d'abord dans le doubler que quelques pas obtenus en ligne droite lorsque le cheval arrive vers la ligne milieu du carré ; mais cette sorte de trait d'union reliant ces deux larges tourner doit peu à peu s'étendre, jusqu'à ce que le doubler s'exécute ainsi que le prescrit le règlement.

Du moment où les lignes droites sont exactement tenues, les tourner exécutés régulièrement aux trois allures, on peut dire que le cavalier connaît assez l'emploi de ses aides et que le cheval y est assez soumis pour que l'un et l'autre satisfassent au service qui les attend. Les quelques mouvements nécessaires encore à l'emploi du cheval de troupe ne se présentent plus guère que comme choses accessoires.

Ce qui précède montre que les instructeurs, à défaut d'un savoir équestre étendu, avec de l'attention seulement, feront progresser l'instruction. Mais il faut que leur attention soit constante, et ils ne se montrent généralement pas assez pénétrés de cette nécessité. Que de fois, lorsque l'œil de l'instructeur ne les suit pas, on voit des cavaliers, bien qu'exercés depuis longtemps, transformer en lignes courbes les petits côtés du carré et les doubler, se laissant aller ainsi à l'instinct du cheval, au lieu de lui imprimer une direction! Alors, il n'y a profit ni pour l'instruction du cavalier ni pour le dressage du cheval.

Plus les procédés d'instruction sont simples, plus rigoureuse doit être leur application, et, alors surtout, il importe que l'instruction n'envisage pas seulement l'exécution, mais bien *la bonne exécution*.

Les procédés d'instruction, que je viens d'exposer et qui se signalent par leur simplicité et leur précision, se relient intimement au travail à distances indéterminées. Leur utile application réclame ce genre de travail. Ils perdent toute leur valeur avec les reprises établies à distances courtes et fixes.

En effet, avec ces reprises, chaque cavalier suit machinalement, pour ainsi dire, celui qui le précède, lorsque les mouvements sont successifs. Et si, pour rendre le travail plus profitable, on a recours aux mouvements individuels, d'autres inconvénients se présentent. Comme il est, avant tout, indispensable que les cavaliers, qui doivent rentrer en même temps sur la piste, la gagnent avec un ensemble parfait, afin que chacun retrouve sa place dans la colonne, cette nécessité devient pour les cavaliers la préoccupation essentielle, et l'instructeur se trouve entraîné à porter son attention sur l'ensemble de la figure plutôt que sur la manière dont chaque cavalier conduit son cheval.

Ces inconvénients sont évités avec le travail à distances indéterminées, bien que tous les mouvements y soient individuels. Les uns s'exécutent à un point déterminé de la piste ; les autres à un point quelconque ; mais ils se font toujours individuellement, la préoccupation de l'ensemble n'apparaissant jamais.

Les reprises à distances fixes trouvent leur

emploi dans le cours des exercices de cavaliers déjà habiles, lorsque les moyens d'exécution de chaque cavalier n'absorbent plus l'attention de l'instructeur. Ces reprises apportent alors de la variété dans le travail, tout en satisfaisant davantage l'œil du spectateur. Mais, en raison du temps limité donné à l'instruction des hommes de troupe, du degré d'habileté qu'il est possible de leur faire acquérir, ces reprises n'ont pas d'emploi dans leur instruction, autrement que comme préparation au travail d'ensemble, c'est-à-dire à l'école du peloton. Telles sont les limites étroites dans lesquelles le règlement renferme ce genre de travail.

Il y a encore lieu de remarquer que l'indépendance donnée à chaque cavalier par le travail à distances indéterminées enlève au « travail à volonté » la valeur qui pouvait lui être attribuée lorsque les reprises se faisaient, d'une manière constante, à distances fixes. Aujourd'hui, le travail à volonté ne doit plus être considéré que comme un moyen de délassement pour les cavaliers et les chevaux.

Le carré, tracé en terrain libre au moyen de jalons, est d'une grande utilité pour l'application des procédés d'instruction que je viens de développer. Leur valeur se trouve, en effet, de beaucoup réduite lorsque la piste longe le garde-botte du manège ou d'une carrière fermée, car le cheval suit alors d'instinct le garde-botte, et ce n'est qu'au passage des coins que les cavaliers ont à faire appel à leurs moyens de conduite.

Pour se convaincre de la valeur, de l'importance du travail en terrain libre, il suffit de savoir que, une fois la piste tracée par les pieds des chevaux sur un carré limité seulement par des jalons, la manière dont elle se présente révèle à la fois le degré de l'instruction des cavaliers, l'attention qu'ils ont apportée au travail, et celle de l'instructeur.

Si les cavaliers en sont au début de leur instruction et, en tout temps, si, mal surveillés, ils se négligent, la piste se présente en ovale allongé.

Lorsque l'instruction est un peu plus avancée et que la surveillance de l'instructeur s'exerce, chaque côté de la piste affecte une forme en S. J'en dirai les raisons plus loin.

Enfin, lorsque les quatre côtés se présentent, chacun en ligne droite, et se relient par des tourner serrés, on a la preuve de la soumission des chevaux, de la bonne instruction des cavaliers et de l'exacte surveillance exercée par l'instructeur. On est assuré que chacun a fait son devoir. Tout officier qui a suivi avec attention l'instruction d'une classe de recrues a pu faire ces remarques.

La forme en S qu'affecte la piste, à une certaine période de l'instruction des recrues, est la conséquence de l'emploi incorrect que les cavaliers font de leurs aides.

En effet, le cheval, livré à lui-même, réduit, comme je l'ai dit, en un seul les deux tourner répondant à un petit côté. Il y parvient en entamant de loin le premier tourner et, alors, la piste affecte une forme ovale. Mais, lorsque le cavalier commence à faire usage de ses moyens de conduite, il veut empêcher son cheval de tourner aussitôt. Ne sachant pas encore régler ses actions, il les exagère et, au lieu de maintenir seulement le cheval sur la ligne à suivre, il le pousse en dehors. Arrive ensuite le tourner, et, comme le cavalier n'est pas assez maître de ses aides pour le serrer suffisamment, le cheval gagne du terrain en dehors, après avoir passé le piquet qui marque le tournant. Le piquet suivant, qui répond au milieu du côté, oblige alors le cavalier à se porter en dedans du carré ; et voilà la moitié de l'S formée. L'autre moitié se produira de même, au tourner suivant.

Une fois la piste indiquée ainsi, son incorrection se maintiendra avec d'autant plus de persistance qu'hommes et chevaux ont une tendance naturelle à suivre une ligne tracée.

Si le carré offre des avantages particuliers, le manège n'en a pas moins sa grande utilité.

Ainsi, au début de l'instruction, l'homme de recrue s'y trouve plus en confiance et n'a pas à se préoccuper de la conduite du cheval qui suit de lui-même le garde-botte. Le jeune cheval y est plus calme, plus attentif. De plus, par les mauvais temps — ils sont fréquents et prolongés dans nos climats, — les manèges deviennent indispensables.

On atténue alors l'inconvénient que j'ai signalé, en faisant tracer fréquemment une piste intérieure à une distance déterminée du mur et en insistant sur le travail en sens inverse. Mais, dès que le degré de l'instruction le permet et que le temps en donne la possibilité, on doit, dans les régiments, travailler en plein air. L'instruction y gagnera, en même temps que la santé des hommes et des chevaux.

Lorsque j'ai dit quelques mots sur les sauts

d'obstacles, j'ai avancé que, en raison du degré limité d'habileté que les hommes de troupe pouvaient acquérir, il fallait opter entre une sujétion trop grande de la tête du cheval ou son complet abandon et que, dans l'alternative, c'est le dernier parti qu'il fallait prendre. Je vais en donner la preuve.

A l'époque où, colonel du 18e Dragons, je me livrais aux essais qui devaient conduire au Règlement de 1876, il y avait un exercice qui frappait d'une manière toute particulière les officiers venant voir nos manœuvres. C'était le saut des obstacles par le régiment marchant en colonne de pelotons.

Je dois dire tout d'abord que l'ordonnance de 1829, alors en vigueur, exigeait que le saut s'effectuât rang par rang. La colonne devait donc s'arrêter, à l'exception du premier rang du peloton tête de colonne, puis chaque rang successivement se mettait en mouvement.

On comprend l'étonnement des officiers

qui avaient toujours mis ce procédé en pratique, lorsqu'ils virent une colonne de pelotons franchir les obstacles sans arrêt ni ralentissement dans sa marche.

Cette manière de faire paraissait, à ceux qui ne l'avaient pas pratiquée, offrir de véritables dangers. C'est à ce point qu'à Rambouillet, le général Ameil, inspectant mon régiment, fit arrêter le mouvement après le passage du premier peloton, « ne voulant pas, dit-il, que sa dernière inspection fût marquée par un accident ». Le mouvement cependant se continua, lorsque j'eus assuré le général que, chaque jour, le régiment faisait semblable exercice.

Jamais il n'y avait eu d'accidents causés par les chevaux du deuxième rang, et par le fait seul que, n'étant pas assujettis par les mains de leurs cavaliers, ils se trouvaient livrés à leur propre instinct.

Pour prouver à ceux qui en doutaient tout l'avantage que présentait l'abandon complet de la tête, je les faisais placer près de la barrière à franchir, qui était formée d'un arbre ayant une certaine sonorité, et je les priais de prêter l'oreille lorsque les chevaux franchiraient l'obstacle. Mon régiment marchant en colonne de pelotons au trot, je lui faisais franchir deux fois la barrière ; une première fois, les cavaliers tenant seulement les rênes du filet, les rênes de la bride faisant guirlande ; une seconde fois, en abandonnant complètement les rênes.

Bien que ce régiment fût exercé aux sauts d'obstacles autant, je crois, qu'une troupe de cavalerie puisse l'être ; bien que les cavaliers n'eussent dans les mains que le frein le plus doux, le filet, et que ma dernière recommandation, au moment où la colonne se mettait en marche, fût de baisser les poignets, de desserrer les doigts en abordant l'obstacle ; jamais les quatre pelotons d'un escadron ne franchissaient la barrière sans qu'on entendît les pieds de derrière de quelques chevaux frapper l'arbre. Je faisais ensuite recommencer l'exercice en abandonnant complètement les rênes et, d'habitude, les quatre escadrons franchissaient la barrière sans que les pieds d'un seul cheval l'eussent rencontrée.

Au milieu des principes nouveaux que je préconisais, et en découlant, il y avait encore, entre autres, trois exercices qui, par la facilité avec laquelle ils s'exécutaient, surprenaient les praticiens de l'ordonnance de 1829. C'était :

La conversion du régiment déployé en bataille, que la rapport placé en tête de l'ordonnance de 1829 déclarait « impraticable » ;

La marche à volonté, qui permettait à une colonne de pelotons de traverser tout terrain et de passer un défilé, encore assez étroit, sans allongement de la colonne, alors que l'ordonnance de 1829 exigeait la rupture par quatre, dès que la largeur d'un défilé était inférieure au front d'un peloton ;

Le ralliement, qui donnait le moyen de se

former promptement en bataille, dans une direction quelconque, lorsque les procédés réguliers demandaient trop de temps ou faisaient défaut. Rien d'analogue ne se trouvait dans l'ordonnance de 1829.

Je ne ferai pas d'autres incursions dans le Règlement de 1876, me réservant d'entrer dans ses détails et de faire l'exposé complet de sa genèse, du moins en ce qui me concerne, lorsque le cours de mon récit me conduira à l'époque qui a marqué, pour moi, la préparation de ce Règlement (1).

(1) Le général L'Hotte ne put malheureusement éxécuter ce projet. La rédaction de ses *Souvenirs* fut interrompue par une douloureuse maladie, qui se termina par sa mort, survenue le 3 février 1904. (Note des Éditeurs.)

CHAPITRE XII

Programme d'un traité d'équitation. — L'équitation de cirque. — Son caractère est l'opposé de celui de l'équitation savante. — Allures artificielles de nos anciens manèges. — Inconvénients des mouvements hors nature. — Ne rechercher le *rassembler* qu'après le *ramener*. — Obligations imposées aux écuyers de cirque. — Baucher au cirque et hors du cirque. — Le passage pris, à tort, pour estampille de la haute école. — Le *doux passage*; le *grand passage*. — Passage d'*Ourphaly*. — Le *piaffer*.

Si je traitais de l'équitation en entier, cette étude, qui se présenterait alors comme étant un manuel, serait ainsi divisée :

1° Haute équitation,

2° Équitation de campagne,

3° Équitation de course,

4° Équitation militaire.

Dans les pages que j'ai écrites se trouvent

de nombreux éléments concernant ces différentes équitations.

La haute équitation et l'équitation de campagne y sont envisagées sous bien des aspects, à partir du moment où mon récit m'amène à Saumur, alors qu'en 1845 j'y arrivais officier-élève (1). Mais ces deux équitations trouvent surtout de larges développement dans mon étude sur Baucher et d'Aure, et dans les questions que j'ai traitées sous l'inspiration de mes deux maîtres (2).

L'équitation militaire et celle de course ont aussi une part dans ce que j'ai écrit.

L'équitation instinctive ne reposant sur aucun principe et n'étant régie par aucune règle, je n'ajouterai rien à ce que j'ai déjà pu en dire (3).

Quant à l'équitation de cirque, je vais

(1) Voir *Un officier de cavalerie. Souvenirs du général L'Hotte*. Plon-Nourrit, 1905.

(2) *Idem*.

(3) *Idem*.

exposer, dans les pages qui suivent, tout ce que j'ai à dire à son sujet et n'y reviendrai plus. Cet article sera clôturé par des considérations sur le passage.

L'équitation pratiquée dans les cirques et qualifiée de « haute école » est, dans son essence même, en opposition directe avec l'équitation savante ou haute équitation.

Il est facile de s'en rendre compte.

L'équitation de cirque, devant frapper les yeux des foules, est loin de demander que, dans le cours du travail, la position du cavalier demeure invariable et régulière. Si les mouvements du cavalier sont apparents et révèlent l'effort, ils n'en impressionnent que davantage le public, qui applaudit d'autant plus que ce qu'il voit lui semble plus difficile à obtenir. Le succès s'augmente si le cheval paraît contraint, forcé à l'obéissance, s'il produit des mouvements hors nature, contre nature surtout. Plus ils seront extraordinaires, plus grand sera le succès. Et, s'il y a apparence d'une lutte dont le cavalier sort victorieux, alors les bravos éclatent.

Il en est tout autrement de l'équitation savante, dont les caractères se trouvent en prenant le contre-pied même de ce qui fait le succès de l'équitation de cirque. Ici, la position du cavalier doit se maintenir toujours correcte, sinon irréprochable. C'est la première condition à remplir. Qu'on se rappelle ce que j'ai dit du soin que l'école de Versailles apportait à la position (1) et qu'on se demande ce qu'aurait dit un d'Abzac, en voyant les positions acceptées dans les cirques. Rien, chez le cavalier, ne doit faire pressentir l'effort, ni mettre en évidence ses moyens de conduite ; le cheval devant obéir à l'effleurement des aides qui, toujours discrètes, doivent même devenir secrètes. Le cavalier doit se faire oublier, en quelque sorte, en ne faisant qu'un avec son cheval, dans lequel il doit se

(1) Voir *Un officier de cavalerie. Souvenirs du général L'Hotte*. Plon-Nourrit, 1905.

fondre. Si le cheval paraît se manier de lui-même, dans une exécution toujours brillante, jamais tardive ou languissante; si, en même temps, le cavalier et le cheval semblent faire la chose la plus simple, la plus facile, ce sera au mieux.

Les beautés du cheval résident dans la noblesse, la grâce, la fierté de ses attitudes, dans l'harmonie de ses mouvements, leur éclat, leur énergie. La belle équitation, dans sa délicatesse et son bon goût, recherche le développement de ces beautés, en s'appuyant sur les dons propres au cheval, et non en les dénaturant. C'est la nature qu'elle prend pour guide, et non l'extraordinaire, l'excentricité, qu'elle recherche.

Le champ est d'ailleurs fertile à exploiter; l'étendue, l'élévation, la direction à donner aux mouvements naturels, pouvant varier à l'infini; les changements de pied acquérir une pureté, une élasticité, un moelleux et une délicatesse, qui font qu'ils ne ressemblent en rien aux changements de pied des débuts.

Les mouvements sortant des allures naturelles doivent être réprimés ; tandis qu'il est habile, dans les cirques, de les faire naître ou de les saisir, de les exploiter, si le cheval en prend l'initiative.

Lorsqu'il y a lieu d'y contraindre le cheval, c'est à des moyens tout particuliers, employés à pied, que les cirques ont le plus souvent recours. Mais si on peut admettre que pareils procédés sont du domaine du dressage, ils demeurent, en tous cas, en dehors de l'équitation proprement dite, car c'est seulement lorsque le cavalier est sur le cheval qu'elle s'exerce.

Les pratiques de nos anciens manèges, alors que l'équitation était noble et belle, comprenaient bien des allures artificielles, divisées, suivant leur nature et leur élévation, en airs bas ou près de terre et en airs relevés ; mais là ne se rencontrait que le perfectionnement des allures habituelles ou des mouvements naturels au cheval, que le dressage régularisait, et aucun hors nature.

En ces temps-là, on avait coutume de dire que le cheval devait être « puissant dans ses hanches, galant dans sa bouche ». C'était dire beaucoup en peu de mots, ces expressions établissant, d'une part, la base sur laquelle reposent les moyens du cheval, et constatant, d'autre part, sa parfaite soumission, sa légèreté.

Des expressions, employées alors et inusitées depuis, avaient leur élégance. Par exemple, du cheval portant beau du devant, on disait « qu'il portait en beau lieu ». Certaines manières de dire ont été aussi écartées de notre langage équestre, et sans y être remplacées par des expressions équivalentes. Ainsi en est-il de celle qui comprenait les procédés recherchant la légèreté et qu'un mot résumait : « allégir » le cheval. On disait aussi : « allégérir ».

Les mouvements hors nature, tels que jambette, pas espagnol, qui entraînent la fixité ou le manque d'activité des hanches, alors que toute l'action se porte sur les épaules, ont pour conséquence d'entraver la marche du véritable dressage, loin d'y concourir, et par cela même qu'ils sont en opposition avec l'action générale et unie des ressorts, la diligence des hanches surtout, que la légèreté, l'harmonie des allures réclament impérieusement. Les allures artificielles d'autrefois, contrairement à celles des cirques, avaient particulièrement en vue de combattre l'inertie des hanches, et c'est tout à leur avantage.

Le seul mérite des mouvements hors nature, s'ils en ont un, se renferme, pour chacun d'eux, dans une difficulté toute spéciale vaincue, mais sans que la victoire ait d'horizons.

Encore est-il sage de ne les aborder que lorsque le dressage est assez avancé pour que leur recherche n'entraîne pas trop d'inconvénients. Ainsi doit agir le véritable écuyer, qui veut donner la preuve qu'aucune difficulté de l'art ne lui est étrangère.

Comme règle générale de conduite, et ayant toujours la légèreté en vue, l'écuyer expérimenté sait d'ailleurs qu'il ne doit rechercher le rassembler qu'après le ramener; car, s'il engageait les jarrets sous la masse prématurément, ses mains ne trouveraient plus dans la direction de l'impulsion l'opposition qui leur est indispensable pour vaincre les résistances propres au bout de devant.

Dans les cirques, l'enrênement à l'écurie, au moyen du jockey de bois ou de rênes fixées au surfaix, est souvent employé pour obtenir le ramener. Il est jugé acquis lorsque la tête se maintient dans une direction verticale ou s'en rapprochant. Cette position, il est vrai, assure une certaine soumission de la tête et donne le moyen de faire apprécier l'effet du mors au cheval d'une façon plus juste, de mieux régler l'emploi de ses forces, que s'il portait au vent, mais rien de plus. Des résistances à la main, même très énergiques, peuvent encore se produire.

Le ramener, tel que le comprend la haute équitation, ne se concentre pas dans la direction de la tête. Il réside, tout d'abord, dans la soumission de la mâchoire, qui est le premier ressort recevant l'effet de la main. Si ce ressort répond avec moelleux à l'action qui sollicite son jeu, il entraînera la flexibilité de l'encolure et provoquera le liant des autres ressorts, par suite de la corrélation existant instinctivement entre toutes les contractions musculaires. Si, au contraire, la mâchoire, résistant, se refuse à se mobiliser, alors plus de légèreté, car, par nature, les résistances se soutenant mutuellement, celle-ci aura de nombreux échos. Ainsi, en équitation savante, ce que le ramener représente, c'est bien moins une direction invariable de la tête qu'un état général de soumission des ressorts.

L'équitation de cirque, recherchant uniquement le mouvement lui-même, ne se préoccupe pas de la légèreté et passe outre. Mais il n'en est pas de même de la haute équitation et si, fortuitement, par le fait de la recherche d'un mouvement nouveau, la soumission de la mâchoire, ce témoignage évident de la légèreté, s'altère, le premier soin de l'équitation savante est de la reconquérir aussitôt que possible.

L'équitation de cirque compte certainement des hommes fort habiles, mais leur position même les oblige à pratiquer un genre d'équitation tout spécial. Ainsi en a-t-il été de Baucher. Certains ont même voulu incarner la méthode du maître dans le travail des chevaux qu'il produisait en public. Il n'en est rien. Sorti des exigences que sa position au cirque faisait peser sur lui, Baucher ne portait ses études que sur l'exploitation des allures naturelles, les seules d'ailleurs qu'il envisageât dans ses cours, qui se renouvelaient périodiquement.

La désignation d'équitation excentrique, ou, si l'on veut, fantaisiste, conviendrait mieux à l'équitation de cirque que celle de « haute école », qui lui est communément donnée et que le public, de même que bien des cavaliers, n'applique, pour ainsi dire, qu'aux mouvements hors nature. L'expression a dévié de son sens primitif. Autrefois, on entendait simplement, par haute école, l'équitation supérieure, par opposition à la basse école, ou équitation élémentaire.

Pour beaucoup de cavaliers, mettre son cheval au passage constitue une prouesse équestre, et ils voient là, quelle que soit la façon dont l'air s'exécute, l'estampille de la haute école; de celle de cirque peut-être, mais non de l'autre, de la vraie, car alors ils se tromperaient.

Le caractère de celle-ci, je l'ai répété maintes fois, c'est la légèreté. Or — et cela se voit tous les jours — si le passage est obtenu sans remplir cette condition qui permet au cavalier de le graduer à son gré, loin de conduire le cheval vers la légèreté, il l'en éloigne, par suite de la tension accrue des ressorts.

Les écuyers d'autrefois n'admettaient et ne pratiquaient que le « doux passage », celui qui a pour caractère la flexion accentuée des membres, accompagnée de la flexibilité, du liant de tous les ressorts. Ce genre de passage dérive directement du piaffer et tout naturellement, si, dans ce dernier air, et comme cela doit être, le cheval témoigne du désir du mouvement en avant, auquel il n'y a alors qu'à donner satisfaction.

Quant au « grand passage », celui qui se caractérise par l'extension énergique et soutenue des membres, la tension des ressorts, et qui a pris place dans les pratiques modernes, il peut être obtenu de deux manières :

Directement ; ou bien en le faisant découler du doux passage, autant dire du piaffer.

Dans le premier cas, il se présente comme étant un air particulier, ne se rattachant à aucun autre. Il peut être facilement obtenu chez les chevaux d'action, dont il suffit de contenir le trot, tout en augmentant son énergie. Acquis ainsi, le passage ne saurait exercer aucune influence heureuse sur l'ensemble du dressage; loin de là. Il s'exécute alors d'une façon en quelque sorte machinale. Il a son cran, dont il ne saurait sortir en étendant davantage son action, devenue, pour ainsi dire, automatique, et encore bien moins en la raccourcissant.

Il en est tout autrement, lorsque le grand passage se relie au doux passage et, par suite, au piaffer. Tous les degrés d'extension et de raccourcissement de l'action sont alors de son domaine.

Pour le bien faire comprendre et pour compléter ce que je pourrais avoir encore à dire du passage, je rappellerai ce que j'ai avancé à propos du passage d'*Ourphaly*, le cheval d'école du commandant de Novital, lequel était écuyer en chef lorsque je me trouvais à

Saumur, en qualité d'officier-élève (1). Le passage d'*Ourphaly* était plein de vie et ne ressemblait en rien à ce passage automatique qui se rencontre chez nombre de chevaux plus ou moins bien ajustés.

Chez les uns, les épaules font tout et traînent à leur remorque les hanches, qui, rasant le tapis, ne semblent suivre qu'à regret, les jarrets ayant perdu tout ressort.

Chez d'autres, ce sont les épaules qui ne s'étendent pas, les hanches, qui n'agissent qu'en élévation. Ils semblent vouloir ramener sous eux leurs genoux à demi pliés, et l'impuissance du cavalier à étendre les mouvements est manifeste.

Chez *Ourphaly*, au contraire, les hanches, par leur impulsion énergique, chassaient les épaules, les faisaient s'élever, s'ouvrir, s'étendre, et donnaient à l'ensemble des mouvements leur parfaite harmonie.

(1) *Un officier de cavalerie. Souvenirs du général L'Hotte.* Plon-Nourrit. Paris, 1905.

Toutefois, je dois dire que le passage d'*Ourphaly* avait son cran, dont il ne sortait pas. Il ne présentait pas tous les degrés d'extension et n'avait pas cette perfection qui permet d'aller, par gradations insensibles du piaffer au passage le plus étendu, le plus énergique, puis de revenir au piaffer, toujours en coulant et en parcourant toute la gamme ascendante et descendante, sans que jamais se produisent de modifications brusques dans la nature des mouvements.

Cette perfection ne peut être atteinte qu'en maintenant, d'une manière constante, l'activité du jeu des ressorts, conjointement avec leur souplesse. Elle exige, lorsque le passage est porté à sa plus grande extension, que les ressorts, tout en se tendant, demeurent flexibles; et, lorsqu'il est raccourci, lorsqu'il descend jusqu'au piaffer, il faut que les jarrets, tout en s'engageant sous la masse, conservent l'énergie de leur jeu et que les genoux, bien que s'ouvrant moins, se lèvent avec action, tout en se portant en avant, comme si le cheval voulait gagner du terrain.

C'est ainsi que le grand passage, le doux passage, le piaffer se marient, et que le cavalier peut, à sa volonté, modifier la nature des mouvements, régler leur étendue.

Mais, le doux passage reposant sur la flexibilité des ressorts, les conséquences qui en découlent sont tout à l'avantage de l'avenir et de la perfection du dressage; tandis que des conséquences contraires se rencontreraient, si le grand passage était demandé prématurément. Exigeant la tension des ressorts, il ne doit être sollicité qu'après leur soumission, c'est-à-dire après que le doux passage sera acquis.

Celui-ci découlant du piaffer, il faut débuter par la recherche de ce dernier air, qui repose sur l'opposition rigoureusement exacte que doivent se faire les actions combinées des hanches et des épaules, afin que les foulées successives se couvrent exactement.

Les pratiques de nos anciens manèges facilitaient la tâche, en mettant tout d'abord le cheval nu au piaffer dans les piliers, afin de le familiariser avec cet air. Ce n'était qu'après l'avoir réglé qu'on demandait au cheval monté de piaffer, puis de passager. On avait alors coutume de dire que « les piliers donnaient de l'esprit aux chevaux ».

Lorsque le passage est pris par routine, ce qui est fréquent, il n'apporte alors que trop souvent son contigent de difficultés, en amenant le cheval à répondre par cet air à toute contrainte des aides visant la soumission des ressorts.

Mieux que ce passage automatique, que des faux temps viennent encore si fréquemmont défigurer et où le cavalier cahoté perd souvent toute grâce, le trot naturel, écouté et libre, charmera le véritable homme de cheval, qui, autrement que les foules, a le sentiment du beau en équitation. Et ici comme en tout, c'est le suffrage de ceux qui savent qu'il y a lieu d'ambitionner, sans quoi ce serait sacrifier aux faux dieux.

CHAPITRE XIII

Méthodes de dressage. — Base de la rapidité des progrès. — Les leçons données au manège doivent être courtes, mais, au besoin, répétées. — Les leçons du dehors sont prolongées avec avantage. — Paroles de Rousselet. — Transformation, et non progrès, de l'équitation. — Rapprochement et divergence des différentes doctrines. — Ce qui peut appartenir à tout homme de cheval.

Les méthodes de dressage ressortant des écoles dont mes deux maîtres ont été les chefs ne sont pas les seules; d'autres les ont précédées ou suivies.

Les moyens dont peut disposer le cavalier pour s'emparer des forces du cheval étant nombreux, il en est résulté que les méthodes de dressage, qui les groupent, se sont présentées elle-même en grand nombre. Les écrits des hommes de cheval, tant anciens que modernes, en font foi. Ces méthodes procèdent de manières fort diverses.

Les unes mettent de suite le cheval en marche, donnent une grande extension au travail à la longe, et recherchent la soumission du cheval en agissant surtout sur son ensemble.

D'autres prescrivent de maintenir d'abord le cheval en place et de soumettre successivement chacune de ses régions.

Certaines donnent au travail à pied une grande extension et font usage, les unes, des piliers; les autres, des instruments de main seulement.

Les procédés propres à chacune de ces méthodes de dressage varient dans leur application, suivant le degré de soumission recherché par le cavalier et déterminé par les exigences du service auquel le cheval en dressage est destiné.

Bien comprises, ces méthodes peuvent servir de guide pour atteindre les différents buts qu'elles se proposent.

Aucune toutefois, quelque logique et bien ordonnée qu'elle puisse être, ne saurait donner des résultats infaillibles, toute action équestre exigeant, pour obtenir l'effet qu'on en attend, ce qu'aucun écrit ne saurait donner : « l'à-propos et la mesure », autrement dit, le *tact équestre*. Ici surtout on peut dire : « Tant vaut l'homme tant vaut le moyen. »

Quelle que soit la méthode employée, les progrès seront d'autant plus rapides que la répression des fautes sera plus prompte. Et elle se fera au moment tout à fait opportun, lorsque le cavalier, averti par son tact, saura prévenir tout faux mouvement, en modifiant à temps les contractions donnant la position qui en est le précurseur.

Les leçons de dressage données au manège, en raison de la sujétion qu'elles imposent au cheval, doivent être de courte durée, et le cheval devra rentrer à l'écurie aussi gai qu'il en sera sorti.

S'il y avait lieu de hâter le dressage, la

leçon ne serait pas prolongée, mais renouvelée une et même deux fois chaque jour.

Il en est autrement de l'exercice pris au dehors. Le cheval, se trouvant presque entièrement livré à lui-même, en même temps que le cavalier a presque toute sa liberté d'esprit, l'exercice peut se prolonger, non seulement sans inconvénients, mais au grand avantage de l'emploi des forces du cheval et de sa santé.

Aussi est-il bon de marier la marche en plein air aux leçons du dedans. On donnera ainsi satisfaction au besoin de mouvement du cheval, du jeune cheval surtout, et, si ce moyen faisait défaut, on y suppléerait par le trot à la longe.

Dans le cours du dressage, il faut savoir se contenter d'un petit progrès chaque jour, l'exiger, mais pas plus. Par conséquent, à chaque leçon, le cavalier doit avoir présent à l'esprit le point où le cheval en était la veille, et non une parfaite exécution.

La progression du dressage ne saurait être trop graduée, la gradation étant une cause primordiale de son succès; et, si, un jour, un progrès inespéré est atteint, qu'il ne soit pas regardé comme définitivement acquis et qu'il ne soit pas pris pour base de la leçon du lendemain, sans quoi on courrait, presque à coup sûr, à une déception.

Quant à la patience, impuissante en elle-même, il n'y a pas lieu d'y faire appel lorsque, sachant ce qu'on peut exiger du cheval, on ne lui demande que ce qu'il est en état de donner. Bien plutôt que patience, le cavalier doit avoir jugement, savoir et pas d'impatience, mais persévérance dans l'emploi des moyens, dont le bon choix est affirmé par les progrès journaliers (1).

(1) L'opinion émise ici par l'auteur sur le rôle secondaire de la *patience* dans le dressage, nous remémore l'anecdote suivante. Un jour que le général L'Hotte montait un de ses chevaux devant un prince de sang royal qui l'en avait prié, l'Altesse, enthousiasmée par le spectacle auquel elle assistait, s'écria : « Quelle patience, il vous a fallu, géné-

La patience, prise dans toute l'acception du mot, n'est vraiment utile que lorsqu'on se trouve en face d'une difficulté, toujours renaissante, ne s'atténuant que peu ou pas. Ainsi en est-il de certaines difficultés, ressortant d'infirmités physiques, par exemple d'une mauvaise vue.

Les leçons de dressage données au dehors assujétissant moins le cheval, et surtout d'une manière beaucoup moins continue, que les leçons du dedans, leur durée devra être augmentée, et ce sera tout à l'avantage du dressage que l'équitation de campagne comporte; l'habitude, ou, si l'on veut, la routine, y prenant une large part, et le maintien du cheval dans les milieux où il est destiné à être em-

ral, pour arriver à un tel résultat! » — « Et aussi un peu de science, Monseigneur », repartit le vieil écuyer avec un fin sourire. Cette réplique, qui peut étonner chez le général L'Hotte, dont on connait l'extrême modestie, était justifiée par sa grande autorité en matière équestre et autorisée par les excellents rapports qui existaient, de longue date, entre le prince et lui (Note des Éditeurs.).

ployé étant tout indiqué pour le familiariser avec ces milieux, rasséréner et gagner son moral.

Par la suite, ce sera dans un travail en plein air prolongé, mais sagement gradué, sans excès de fatigue surtout, que le cavalier trouvera les moyens de compléter le développement des forces du cheval, d'étendre son haleine, d'assurer sa résistance à la fatigue.

C'est ainsi que satisfaction sera donnée aux sages paroles du commandant Rousselet, posant en principe que : « Exercice, instruction, travail » constituent trois objets distincts, « trop souvent confondus », ajoute le vieil écuyer.

Les méthodes de dressage se sont modifiées, ou, pour généraliser davantage la question, je dirai : l'équitation s'est modifiée, en raison des besoins et des goûts des différentes époques, de la nature des chevaux répondant à chacune d'elles. Mais, à l'inverse des sciences, on ne saurait dire que l'équitation, pas plus que les autres arts, ait suivi une marche progressive avec les temps.

Les grandes vérités équestres apparaissent à toutes les époques, sont de toutes les écoles, et, entre les doctrines des différents mais vrais maitres, se trouvent de nombreux points de connexité, qu'un parti pris ou des rivalités d'écoles ont seuls pu empêcher de reconnaitre.

Il est vrai que la forme, sous laquelle les principes et les règles équestres sont exposés, est souvent personnelle au maitre. Mais les divergences, lorsqu'elles existent, ne reposent souvent que sur les différents degrés que peut offrir l'application d'un même principe ou sur la manière dont il est interprété. J'en ai eu particulièrement la preuve, alors que je m'instruisais aux leçons de Baucher et de d'Aure, ces deux grands rivaux, mes illustres maîtres.

Toutefois, ce qu'il y a lieu d'admettre, c'est que tout homme de cheval, doué de l'esprit d'observation et ayant pour lui une longue pratique, a pu faire certaines remarques qui n'ont pas été signalées par ses devanciers ou leur ont échappé, la connaissance et l'emploi du cheval présentant un champ inépuisable de recherches et d'observations.

CHAPITRE XIV

Grands artistes ayant illuminé certaines époques. — Raisons justifiant les maîtres de faire peu d'élèves. — Les difficultés de l'équitation reposent sur trois ordres d'exigences : le Praticien ; le Cheval ; le Professorat. — De tout temps, les écuyers de valeur ont été rares. — Ils sont rares surtout hors de France. — Souvenirs de Stuttgart. — Le comte de Taubenheim. — Rareté, à l'étranger, des écrits équestres de valeur. — Le livre de La Guérinière dénommé « La Bible équestre ». — Conclusion.

Si l'équitation n'a pas, avec les temps, suivi une marche progressive, son histoire nous apprend que de grands artistes ont comme illuminé certaines époques.

Tels sont La Broue, Pluvinel ; après eux, Duplessis ; puis, La Guérinière, Nestier, Lubersac, d'Auvergne ; et, pour parler d'une époque qui nous touche, d'Abzac, Chabannes ;

enfin d'Aure, ce centaure tant admiré, et Baucher, ce novateur d'une fécondité sans pareille, qui, chacun dans le genre qui lui était propre, ont été et demeurent deux grandes illustrations pour l'équitation française.

Aux noms peu nombreux, que je viens de citer et qui appartiennent aux écuyers qui ont le plus illustré l'art, j'aurais eu d'autres noms à ajouter pour compléter la galerie des écuyers français qui, à partir du seizième siècle et à différents titres, ont eu de la célébrité. Mais il n'en ressortirait pas moins que les écuyers dont les noms méritent de figurer dans les fastes de l'équitation sont en petit nombre.

Je vais en donner les raisons, et, en même temps, j'espère justifier les hommes chargés de l'enseignement équestre du reproche, qui leur est communément adressé, de ne pas faire d'élèves. Ici, bien entendu, il faut entendre, par élèves, des écuyers d'une valeur réelle, dont le savoir comme professeur répond au talent comme praticien.

L'équitation a toujours possédé moins d'hommes marquants que les autres arts, et cela dans tous les temps, même aux époques où l'équitation, ne se bornant pas à l'emploi usuel du cheval, représentait un art généralement répandu et honoré, pouvant offrir à ceux qui le cultivaient une véritable carrière.

Les raisons s'en trouvent dans des conditions toutes spéciales à cet art, art complexe, présentant trois sortes d'exigences ou de difficultés particulières, se rapportant :

1° Au praticien lui-même ;

2° A l'instrument sur lequel il agit, c'est-à-dire au cheval ;

3° Aux moyens de transmission de l'art.

La justification de ce que j'avance ressortira, je l'espère, des développements dans lesquels je vais entrer et des points de comparaison que j'établirai entre l'équitation et d'autres arts.

Parlons du praticien.

Pour pouvoir espérer faire un jour, d'un cavalier, un écuyer un peu complet, il est indispensable que le sujet présente un ensemble de qualités natives qui se rencontrent rarement réunies chez un même individu.

Ces qualités résident d'abord dans la structure même de l'homme, structure qui doit satisfaire à des exigences particulières et bien définies. Ici déjà, nous voyons le peintre et le sculpteur, complètement affranchis de ces exigences qui, toutes physiques, ne sauraient, par conséquent, les intéresser, tandis qu'elles pèsent lourdement sur le cavalier.

A ces condition de conformation le cavalier doit joindre un caractère calme et énergique à la fois, pour que la douceur sans faiblesse, la fermeté sans rudesse puissent être ses guides constants.

Toujours maître de lui, il doit dominer ses impressions, de manière à pouvoir agir sur le cheval par les contraires, opposant la patience à l'impatience, le calme à la violence, l'énergie à la paresse et aussi au refus d'obéissance.

Son amour de l'art doit s'étayer sur un moral d'une certaine trempe, qu'aucune déception ne rebute, qu'aucune difficulté ne fait reculer. Et, plus peut-être qu'à tout autre artiste, la persévérance, cette qualité maîtresse, est nécessaire à l'écuyer. Le témoignage s'en trouvera, lorsque je parlerai du cheval, en voyant combien sont nombreuses les difficultés, et aussi les déceptions qui peuvent en ressortir.

Il faut encore que le cavalier possède l'intelligence particulière à son art, qui le portera à se rendre compte de tout et le dirigera dans sa propre pratique comme, plus tard, dans le professorat.

Enfin, vient un sentiment tout spécial, dénommé *tact équestre*, et qui a dans son domaine de faire discerner la nature, bonne ou mauvaise, des contractions du cheval, de guider l'écuyer dans l'à-propos et la mesure de ses actions.

Ce sentiment, que le travail développe mais ne saurait faire naître, est aussi nécessaire à l'écuyer, c'est-à-dire au cavalier artiste, qu'est indispensable au peintre le sentiment du coloris, au musicien le sentiment de l'harmonie des sons.

Bien que la patience soit souvent signalée comme devant être le partage du cavalier, je ne saurais lui donner ici qu'une place restreinte ; d'abord, parce qu'en elle-même elle est impuissante et que, portée au delà de certaines limites, elle devient une qualité négative ; ensuite, parce qu'au lieu de demander au cavalier de la patience, il vaudrait mieux se borner à lui recommander de ne pas avoir d'impatience.

Quelque bien doué que soit le cavalier, une longue pratique lui est, en outre, indispensable pour mériter le titre d'écuyer.

Les raisons en deviendront évidentes lorsque je parlerai du cheval. Mais, dès maintenant, un exemple suffira pour prouver que l'expérience est plus nécessaire à l'écuyer, lui fait gagner davantage qu'à tout autre artiste. Cet exemple concerne d'Aure et je vais rappeler ce que j'ai déjà eu l'occasion de dire de mon maître.

D'Aure était, au point de vue équestre, l'homme le plus heureusement doué et il avait été instruit à la meilleure des écoles. De plus, sa nature toute d'initiative et de sentiment, peu portée vers la réflexion, était de celles qui devaient le moins gagner au contact de l'expérience. Eh bien! qu'on mette en parallèle son traité publié en 1834, qu'il a écrit au moment où il sortait des mains des d'Abzac, et son cours d'équitation de 1853, et l'on trouvera, entre ces deux ouvrages, presque toute la distance qui sépare l'œuvre d'un élève de celle d'un maître. J'ajouterai que ces deux ouvrages du grand cavalier donnent, suivant moi, la mesure de son talent, presque autant que de son savoir équestre, à ces deux époques de sa vie.

Que l'on consulte les autres arts, et je ne crois pas qu'entre l'œuvre d'un peintre de trente et quelques années, par exemple, et l'œuvre de ce même artiste, quelque vingt ans plus tard, on trouve une progression de supériorité aussi sensible que celle qui se remarque dans les œuvres de d'Aure.

De l'artiste, passons a l'instrument qu'il doit manier : au cheval.

Pour bien monter le cheval, il faut le connaître, et, pour acquérir cette connaissance raisonnée, il faudra à l'écuyer presque autant d'étude et de pratique que pour apprendre à soumettre le cheval et à régir ses mouvements, ce qui est le but de l'équitation proprement dite. Une étude analogue à celle-là ne se trouve ni dans la peinture ni dans la sculpture.

Si l'on considère le cheval comme matière première à façonner, on en voit ressortir un ensemble de difficultés qui ne se rencontrent pas dans les autres arts. Le statuaire, par exemple, trouve, dans le marbre qu'il sculpte ou dans la terre qu'il pétrit, une matière première, à peu de chose près, toujours la même; tandis que l'élément, sur lequel l'écuyer doit exercer son art, varie à l'infini.

Chaque cheval, en effet, représente une individualité résultant d'un moral, de conditions physiques, qui lui sont propres, et commandant par cela même, chez le cavalier, une manière de procéder particulière.

Que de cavaliers ont été découragés par ces difficultés premières qui, souvent, font trouver un échec complet, au lendemain même d'un succès! Dans la pratique des autres arts, l'artiste peut, il est vrai, faire, un jour, moins bien que l'autre; mais une déception aussi complète ne saurait jamais l'atteindre.

Passons outre et supposons que le cheval ait été soumis à ce long et difficile travail, qui consiste à obtenir la soumission et la flexibilité élastique de tous ses ressorts. Il reste à les faire jouer, ces ressorts, et, ici, c'est au musicien que je demanderai un terme de comparaison.

Si l'on met en présence les moyens dont chacun de ces deux artistes fait usage pour se servir de son instrument, on est tout d'abord frappé de la simplicité du mécanisme du musicien, comparé au mécanisme du cavalier. Pour celui-ci, en effet, ce n'est pas, comme pour le violoniste, les mains et les bras seuls, qui doivent montrer de l'adresse et de l'habileté. Toutes les régions de son corps sont appelées à agir, et avec accord, pour faire jouer les ressorts du cheval, pour étendre ou restreindre ses mouvements, les harmoniser, de même que le musicien harmonise les sons.

L'instrument sur lequel le musicien agit est inerte par lui-même. Il en résulte que, les conditions qu'il présente étant invariables, une même action produira toujours sur lui un même effet. Il en est tout autrement de l'instrument dont se sert le cavalier. La vie, la volonté animent le cheval, et, de là, mille et une nuances dans sa manière de se présenter aux actions de celui qui le monte et d'y répondre. Il y a là, pour le cavalier, tout un dédale de difficultés, au milieu duquel il ne pourra que s'égarer, s'il n'a pas pour guide ce sentiment particulier dont j'ai parlé : le tact équestre.

Vient enfin pour l'écuyer une cause particulière de déception, dont le musicien se trouve complètement affranchi : c'est la perte de l'instrument. Le musicien peut aussitôt remplacer par un autre l'instrument qu'il a perdu. L'écuyer n'a pas cette ressource. Que le cheval, le cheval d'école, qu'il monte depuis plusieurs années peut-être et qui est pour lui son brevet vivant d'écuyer, vienne à mourir, et plusieurs années lui seront nécessaires pour mettre le nouveau cheval en condition de remplacer complètement celui qu'il a perdu. Oui, il lui faudra tout ce temps, s'il possède à un haut degré le sentiment de l'art, parce que, avec pareil cavalier les progrès du cheval sont incessants; ses mouvements peuvent être nuancés à l'infini, et la pureté du travail n'a pas, pour ainsi dire, de limites.

Cela pourra paraître une exagération. Mais pourquoi en serait-il, ici, de l'équitation autrement que des autres arts ?

En thèse générale, du moment où un artiste croit avoir atteint les derniers sommets de l'art, il donne, par cela même, la mesure de sa médiocrité. L'artiste, au contraire, qui croit voir le terme de ses efforts s'éloigner à mesure que son talent grandit, prouve ainsi la valeur et la portée de son sentiment, qui, alors, lui fait voir le but de plus en plus éloigné, en lui faisant de mieux en mieux sentir ce qu'est la perfection.

Ainsi en est-il du véritable cavalier-artiste,

de l'écuyer. Il ne fait qu'un avec son cheval et il sent que le talent, chez lui-même; l'exécution, chez le cheval, sont indéfiniment perfectibles.

Le vicomte d'Abzac, alors qu'il avait quatre-vingts ans, ne disait-il pas qu'il apprenait encore tous les jours? Et les recherches de Baucher, en n'ayant jamais eu de terme, ne témoignent-elles pas que son talent, quelque grand qu'il fût, le dressage de ses chevaux, malgré ce qu'il présentait de perfection, ne donnaient pas encore complète satisfaction au maître; son sentiment lui révélant des perfections plus grandes encore? Un jour que je disais à Baucher n'être jamais complètement satisfait du dressage de mes chevaux, il me répondit : « Mais il en sera toujours ainsi; il reste toujours quelque chose à désirer. »

Je vais parler maintenant du professorat.

La transmission de l'art rencontre, en dehors des difficultés ressortant de ce que j'ai déjà pu dire, deux obstacles particuliers qui sont basés, l'un sur le manque de permanence des effets équestres, l'autre sur la difficulté qu'éprouve le maître à amener la conviction chez l'élève.

Pour rendre bien saisissable le premier de ces obstacles, je ferai appel à la peinture. Ici, on voit l'œuvre du peintre rester constamment sous les yeux de son élève, et avec toutes ses perfections, toutes les leçons à en tirer. Si le maître donne un coup de pinceau au tableau de l'élève, un coup de crayon à son esquisse, cette rectification, étant permanente, se gravera d'autant mieux dans l'esprit du disciple, en même temps qu'elle éclairera plus facilement son sentiment. Pour l'équitation, il n'en est pas ainsi. Ce n'est que momentanément que l'œuvre du maître, le cheval dressé, apparaît à l'élève, peut être apprécié par lui. Et si, pour rectifier une fausse position, un mouvement irrégulier du cheval, l'action de l'écuyer s'est substituée pour un moment à celle du cavalier qu'il instruit, la rectification produite ne pourra jamais être que fugitive.

Voici maintenant les difficultés que rencontre l'écuyer pour convaincre l'élève de la vérité des principes qui lui sont enseignés.

Ce n'est qu'avec peine et avec le temps que la conviction pénétrera dans l'esprit de l'élève, parce que les moyens dont l'écuyer dispose sont insuffisants pour l'imposer. Cette insuffisance ressort déjà de ce que j'ai dit du manque de permanence des effets équestres, des conditions variables que présente le cheval et qui font que, sur lui, les mêmes actions ne produisent pas toujours les mêmes résultats. Mais là ne s'arrêtent pas les causes qui s'opposent à une prompte conviction. Il faut encore y ajouter la difficulté qu'éprouve l'écuyer à faire apprécier, d'une manière un peu évidente, les moyens que lui-même emploie, et enfin une cause particulière et fréquente de doute, dont je vais parler.

Pour l'équitation, de même que pour tous les arts, une démonstration doit toujours aboutir à une action physique ; autrement, cette démonstration serait sans but utile, puisqu'elle serait sans portée pratique. Mais lorsqu'à la démonstration succèdera l'action équestre, celle-ci, quelque justifiée qu'elle soit, n'entraînera pas forcément le résultat qui lui a été assigné par le maître. Pour avoir sa valeur et produire l'effet qu'on en attend, il est indispensable que toute action équestre, quelque simple qu'elle puisse être, soit « basée sur l'à-propos et régie par la mesure ». Or, cet à-propos et cette mesure, ressortant d'un sentiment particulier à l'élève lui-même, échappent en grande partie à la surveillance du maître. Malgré les soins de celui-ci, il arrivera donc que, souvent, bien souvent, le succès n'accompagnera pas l'emploi du moyen qu'il a prescrit ; et, après plusieurs essais infructueux, le doute viendra naturellement se glisser dans l'esprit de l'élève, à moins qu'il n'ait une confiance absolue dans le talent autant que dans la parole du maître.

Que de cavaliers, sous l'empire de ce doute, ont dit en parlant de celui qui les instruit : « Il fait autrement qu'il dit! » L'écuyer, digne de ce nom, ne fait pas autrement qu'il enseigne, mais mieux que l'élève n'exécute. Si des faits semblent parfois donner raison à cette parole des élèves, c'est que ceux qui en sont témoins ne savent pas se rendre compte qu'un précepte peut recevoir une foule de modifications dans son application, sans que, pour cela, la moindre atteinte soit portée à sa vérité.

Le maître a une sphère d'action qui, certainement, présente de l'étendue. Il a dans les mains tous les moyens de faire de ses élèves des cavaliers, mais des cavaliers de campagne s'entend. Ainsi, il peut leur donner de la tenue, régulariser leur position et les mettre, pas suite, à même de se lier au cheval, de se servir de leurs aides avec précision. Par des démonstrations claires, précises, il peut rendre évidents les buts à poursuivre. Il peut tracer les moyens qui y conduisent, régler en conséquence les exercices du dedans et du dehors et, avant tout, payer d'exemple. Il parlera ainsi aux yeux des élèves et éclairera leur intelligence.

Mais là s'arrête à peu près son rôle ; car espérer pouvoir agir d'une manière directe sur le mécanisme du cavalier, sur son sentiment surtout, ce serait aspirer à l'impossible.

Le perfectionnement du mécanisme, le développement du sentiment équestre rentrent dans le domaine exclusif du praticien lui-même et peuvent seuls faire acquérir à l'élève les qualités, qui lui permettront de devenir un jour éminent dans la pratique de son art. Au praticien seul revient donc la responsabilité de son avenir d'écuyer.

Après m'être étendu sur les difficultés qui entourent la pratique et l'enseignement de l'équitation, je vais, comme confirmation de ce que j'ai avancé, entrer dans des détails témoignant de la rareté des écuyers de valeur.

Au cours de ma carrière, à Saumur particulièrement, et à l'époque où l'équitation artistique avait sa vogue, que de fois ai-je vu des cavaliers, doués d'heureuses dispositions, ayant l'amour du cheval, faire d'abord de rapides progrès, puis s'arrêter à un degré d'habileté qu'ils ne dépassaient plus! Le sentiment du praticien semble alors ne rien lui révéler au delà des résultats qu'il a acquis. Et puis, la persévérance aussi peut lui faire défaut; sans compter qu'elle est fréquemment combattue par un amour-propre qui n'aveugle que trop souvent le cavalier.

A l'époque où d'Aure et Baucher brillaient de tout leur éclat, ce n'est certes pas les maîtres ni les exemples qui manquaient.

A d'Aure tout le monde reconnaissait la plus brillante exécution. Certains, il est vrai, et contrairement à mon opinion personnelle, lui contestaient le don de transmettre son savoir. Mais, quant à Baucher, en outre de son exécution irréprochable de justesse, personne ne pouvait lui refuser l'aptitude la plus remarquable au professorat, car là peut-être se trouvait le côté le plus frappant du savant écuyer. Baucher, il est vrai, n'a pas été appelé à diriger une école normale d'équitation, mais sa vie néanmoins s'est passée à professer en France et à l'étranger.

La rivalité, qui s'établit entre les écoles de d'Aure et de Baucher et qui passionna leurs disciples, donna à l'équitation française un élan sans précédents. Eh bien ! qu'on cherche, et l'on verra combien sont rares les hommes sortis de ce grand mouvement équestre et qui ont marqué dans l'équitation.

La rareté d'écuyers de mérite n'est nullement particulière à cette époque. Ainsi que je l'ai dit, elle a existé de tout temps. Entre autres preuves, je vais faire appel à un document officiel, dont j'ai déjà eu l'occasion de parler. Lorsque le vicomte d'Abzac, écuyer en chef du manège de Versailles, mourut, — ce fut en 1827, — les mutations que cette mort entraîna dans le personnel du manège motivèrent un échange de lettres entre le duc de Polignac, Premier Écuyer de Charles X, et le duc d'Anville, ministre de la maison du roi. Dans une lettre du Premier Écuyer se rencontre ce membre de phrase : « Le service du manège, où M. d'Aure se trouve actuellement être le seul homme d'un véritable talent »... Ainsi, les d'Abzac une fois disparus, on ne comptait plus qu'un seul homme d'un véritable talent, dans le personnel des écuyers de ce manège de Versailles, si hautement réputé.

Si les écuyers de mérite ont été rares en France, ils l'ont été plus encore ailleurs, car, contrairement à la France, l'étranger a dû, à des époques différentes, chercher au dehors les hommes qu'il ne pouvait trouver chez lui.

C'est ainsi que, au cours de l'émigration, la

ville libre de Hambourg fit, mais en vain, au vicomte d'Abzac, de brillantes propositions pour qu'il prît la direction du manège que cette ville voulait faire établir. La direction des haras de Prusse fut aussi offerte au vicomte d'Abzac, qui répondit par un refus.

A la même époque, le roi Maximilien de Bavière fit faire des ouvertures au marquis de la Bigne, qui avait eu du renom au manège de Versailles, pour qu'il vînt établir à Munich des écuries et un manège sur le modèle de ceux de Versailles. Un traitement de cinquante mille livres lui était assuré; il refusa.

A une époque moins éloignée de nous, M. de Sainte-Reine, écuyer français de valeur, fut demandé et employé par la Sardaigne. Plus tard, en 1861, le Grand Écuyer de Prusse, qui était, si j'ai bonne mémoire, le général de Willisen, fit, en vain, près de Sainte-Reine, d'instantes démarches, lui assurant des avantages considérables, pour qu'il vint à Berlin prendre la direction du manège du roi, avec le titre de Premier Écuyer.

Désirant satisfaire à la demande qui lui était adressée par M. de Linden, commandant les écuries royales de Belgique, le comte de Damas d'Hautefort, qui avait été l'écuyer du comte de Chambord, m'écrivait en 1884 pour me demander si je connaissais un écuyer ayant la capacité et les qualités voulues pour être placé à la tête de l'écurie des chevaux de selle du roi Léopold.

Trois ans plus tard, en 1887, je recevais de nouveau, de Belgique, une requête analogue. Le lieutenant-colonel de cavalerie Bricou, commandant le département du Grand Écuyer, me demandait si je pourrais lui désigner un homme capable de remplir l'emploi d'écuyer dresseur aux écuries du roi, dont il avait le commandement.

Je rappellerai aussi que, au cours du dix-huitième siècle, c'est à la France que nombre d'étrangers de distinction vinrent demander le développement de leur instruction équestre et les moyens de « faire leur académie », ainsi qu'on disait alors ; entre autres, les ministres anglais Pitt et Fox ; Arthur Wellesley, plus tard duc de Wellington.

Le descendant du « Duc de Fer » fit venir à Londres et attacha à sa maison, pour dresser et monter ses chevaux, Henri Baucher, le fils de mon maître, l'autorisant, en même temps, à faire usage de son manège privé pour y donner leçons.

Si on remontait dans l'histoire, on trouverait encore les Anglais nous faisant des emprunts. Ainsi, en se reportant au règne de Henri IV, on verrait la cour d'Angleterre faire appel à Saint-Antoine, et, plus tard, à Foubert, écuyer des écuries royales de France, pour faire, du premier, le maître d'équitation du Prince héritier, et pour donner au second la direction de l'Académie que fondait le souverain anglais.

Afin de ne pas parler uniquement des

écuyers appartenant et demandés à la France, je dirai que l'Angleterre a emprunté Quantin à l'Allemagne et demandé Meyer au continent pour l'employer comme Premier Écuyer de son armée; que la cour d'Autriche, puis la cour de Prusse, ont emprunté Campen au Hanovre. Je dirai encore que le comte de Taubenheim, qui devint un cavalier réputé et Grand Écuyer du roi de Wurtemberg, n'ayant pas trouvé, dans son pays, les hommes pouvant développer son instruction équestre, dut les chercher au dehors : à Gœttingue, école du Hanovre, fondée en 1737, depuis longtemps disparue et qui a eu sa célébrité; au manège espagnol de Vienne, aujourd'hui encore existant (1).

En 1885, je me trouvais à Stuttgart, en qualité de chef de la mission française char-

(1) Nous avons retrouvé dans les papiers du général L'Hotte une note de sa main sur le *Manège espagnol* de Vienne. Nous publions cette note à la fin du présent volume. (Les Éditeurs.)

gée, cette année-là, de suivre les manœuvres allemandes. C'est alors que je connus le comte de Taubenheim et qu'il me parla de ses origines équestres. Au cours d'un dîner, puis de plusieurs visites aux manèges et aux écuries du roi que le Grand Écuyer me fit voir dans tous leurs détails, il m'entretint de questions fort intéressantes concernant son service, l'équitation, les écuyers et les chevaux allemands (1).

A l'époque où je le connus, le comte de Taubenheim se trouvait en possession de la charge de Grand Écuyer depuis quarante ans et était âgé de quatre-vingts ans. Le jour où il atteignit cet âge, pour prouver que de la vigueur lui restait, il franchit la barrière du manège, élevée à sa plus grande hauteur.

(1) Ces détails, que le général L'Hotte devait, au cours de ses *Souvenirs*, donner sur l'équitation, les écuyers et les chevaux allemands, avaient été consignés par lui, à son retour d'Allemagne. Nous avons eu la bonne fortune de retrouver ces notes, que nous reproduisons plus loin, sous forme d'appendice. (Les Éditeurs.)

Grand, maigre, je l'ai vu encore fort beau cavalier. Dans sa prestance à cheval, il rappelait Laurent Franconi, pour lequel, d'ailleurs, il avait conservé une grande admiration.

Non seulement les écuyers de mérite, mais aussi les écrits équestres, ayant de la portée, ne sont pas communs à l'étranger. Il n'en faudrait pour preuve que l'autorité dont y est entouré le livre de notre La Guérinière. Dans les manèges d'outre-Rhin, et à l'honneur de l'équitation française, ce livre a été dénommé « La Bible équestre ».

Pour conclusion de la question sur laquelle je me suis longuement étendu, je reviendrai à son point de départ, en disant : C'est l'Équitation, l'art lui-même, qui, par suite de ses nombreuses exigences, est responsable si les écuyers de valeur ne se présentent qu'à l'état de rares exceptions.

APPENDICE

AUTRICHE

Écoles d'équitation. — L'École espagnole.

Bien que l'équitation soit très répandue en Autriche, cependant les hommes de cheval d'un mérite exceptionnel y sont rares, et c'est pour leur créer une pépinière, pour conserver les traditions équestres dans l'armée, que « l'école d'équitation » a été établie.

Cette école n'est pas la seule que possède l'Autriche. Une autre école, plus spéciale encore, dont l'action s'exerce dans un cercle plus restreint, est établie au palais impérial; elle porte le nom d'*École espagnole*. Cette école, dont la fondation remonte à l'empereur Charles VI, pratique les airs bas et relevés de notre ancienne équitation et tient en grand honneur notre La Guérinière. Elle est placée sous la direction du Grand Écuyer. Son personnel, dirigé par M Niedermeyer (1), est civil. Des jeunes gens de famille, quelques officiers, vont y puiser une instruction spéciale, et les hommes des écuries y sont instruits. Dans son fonctionnement, cette école rappelle notre manège de Versailles de la Restauration, alors que le vicomte d'Abzac en était le chef; mais d'autres errements y sont suivis. Elle présente cette particularité que la plupart des chevaux qui y figurent sont de race espagnole, et c'est à eux que l'école a emprunté son nom. Ces chevaux descendent de cinq étalons : *Majestoso*, *Conversano*, *Napolitano*, *Pluto*, *Favori*, qui ont été importés en Autriche sous le règne de Charles VI. Les cinq familles, sorties de ces étalons, sont maintenues tout à fait distinctes au haras de Lippiza, qui appartient à l'empereur. Dans le manège, où se donnent les fêtes équestres, se trouve un portrait de Charles VI, monté sur *Favori*, et, lorsqu'on voit les descendants de ce cheval, on juge du soin avec lequel la race est conservée, par leur ressemblance si parfaite avec le chef de la famille. Ces chevaux ont l'action ronde, ce qui les rend tout à fait propres au travail de manège. Leur cachet est la force et la souplesse :

(1) Ceci était écrit en 1884.

près de terre, bien corsés, bien membrés, l'encolure haute et rouée, la tête busquée, ils rappellent tout à fait l'ancienne race espagnole. Je dis : « l'ancienne, » car j'ai vu, il y a dix ans, un cheval, envoyé d'Espagne comme le plus beau qu'on ait pu se procurer, et, bien que se rapprochant sensiblement de la race conservée avec tant de soins en Autriche, il était loin de posséder, au même degré, l'ensemble de qualités que présentent les chevaux espagnols élevés à Lippiza.

Le manège de l'*École espagnole* présente, à l'intérieur, une galerie de loges, ornée de sculptures, qui lui donne l'aspect d'une salle de spectacle. Sous les loges, se trouve un large couloir, permettant la circulation des chevaux. Une tribune, avec cheminée, sorte de salon, occupe tout un petit côté. Le plancher de cette tribune, établi à 0 m. 75 environ au-dessus du sol, permet au cavalier de mettre le pied à l'étrier sans avoir à marcher dans le sol poussiéreux du manège. Le couloir, qui passe sous la galerie des loges, aboutit aux côtés de cette tribune et donne le moyen d'y amener les chevaux sans leur faire traverser le manège. De brillantes fêtes équestres ont été données dans ce bâtiment, qui est pourvu d'un riche éclairage au gaz.

ALLEMAGNE

I

École de Hanovre.

L'école de Hanovre, telle qu'elle est constituée aujourd'hui (1), ne rappelle en rien l'ancienne école de Hanovre, qui a marqué dans les fastes de l'équitation. Celle-ci visait à perpétuer les traditions de l'art équestre, dans ce qu'il peut avoir d'élevé et de délicat, et ne s'adressait qu'à un personnel restreint. Il ne reste plus rien de cette ancienne école. Depuis 1866, ses éléments ont été dispersés; les bâtiments, placés dans l'intérieur de la ville, ont été vendus pour recevoir une autre destination, et une nouvelle école a été fondée.

L'école de Hanovre d'aujourd'hui est l'école de cavalerie allemande et, par suite, a pris un tout autre développement que l'ancienne école. Établie à l'extrémité de l'un des faubourgs de la ville, elle touche à la campagne et peut recevoir facilement

(1) En 1885.

toute l'extension qu'on jugerait à propos de lui donner encore.

L'école présente, à son centre, un vaste espace servant de carrière, encadré par les bâtiments d'habitation, les manèges et les écuries (1).

Les manèges couverts sont au nombre de sept, dont un circulaire. Les manèges rectangulaires ne sont pas établis sur un type uniforme. Les uns ont une tribune, placée sur l'un des petits côtés ; d'autres ont, en outre, une petite tribune sur le milieu de l'un des grands côtés. Au point de vue de la construction et du terrain à ménager, la tribune placée sur un petit côté est, sans doute, préférable. Mais, pour bien juger du travail qui se fait dans l'intérieur du manège, c'est sur le grand côté que la tribune doit être placée. De cette position centrale, on voit bien mieux l'ensemble des mouvements, et surtout chaque cavalier, que l'on peut suivre sur une longue ligne et à courte distance, alors qu'il se présente de profil, c'est-à-dire de la manière la plus favorable à son examen.

(1) Suivent des renseignements très détaillés sur le règlement de l'école, son cadre, ses bâtiments, l'aménagement de ses écuries, etc. Parmi ces renseignements nous publions seulement ceux qui ont trait aux manèges et à l'équitation, les autres n'ayant qu'un rapport plus lointain avec les « Questions équestres ». (Note des Éditeurs.)

Deux de ces manèges, qui se suivent, sont reliés par un hangar, offrant un large abri aux chevaux, qui auraient à attendre avant d'entrer dans les manèges.

Le sol des manèges est entretenu uniquement avec du sable. La sciure de bois est de beaucoup préférable.

Les chevaux se divisent en plusieurs catégories comprenant :

1° Des chevaux d'officiers. Chaque officier amène deux chevaux : le cheval d'armes donné par l'État et un cheval appartenant en propre à l'officier;

2° Des chevaux de remonte, qui doivent être dressés par les officiers et les sous-officiers. Les sujets les moins distingués sont dressés par ces derniers;

3° Une centaine de chevaux, maintenus de fondation à l'école et parmi lesquels figurent douze chevaux, dits « d'école », dont je parlerai plus loin, et douze chevaux de piqueurs. Ces derniers se font remarquer par la queue coupée très courte, alors que tous les autres chevaux ont la queue coupée au-dessous du jarret.

Lorsque les chevaux appartenant à l'école ne satisfont plus à leur service, et souvent dès l'âge de dix ans, ils sont livrés aux officiers d'infanterie pour un prix très modique, 200 ou 300 marks.

Deux chevaux, dits « d'école » furent montés devant moi par deux des sous-officiers préposés spécialement à leur dressage. Le travail au galop s'est fait tantôt juste, tantôt à faux. Le dressage de ces chevaux ne comporte pas de changements de pied en l'air, mais seulement terre à terre, c'est-à-dire en prenant le pas pour passer du galop sur un pied au galop sur l'autre.

Ayant vu, sur les murs du manège, de grands dessins au fusain représentant des chevaux exécutant des airs relevés, tels que la courbette, j'ai demandé si ces airs de manège étaient pratiqués. Comme il me fut répondu que oui, j'ai demandé de vouloir bien faire exécuter une courbette. L'un des deux chevaux s'y refusa absolument. Quant à l'autre, il fit, non pas une courbette, mais une cabrade, ce qui est tout autre chose, en pivotant sur ses pieds de derrière.

Ce qui caractérise spécialement le travail de ces chevaux, c'est le passage à extension soutenue, c'est-à-dire un trot à actions énergiques et très hautes, dans lequel le cheval se cadence avec lenteur. Mais, en exécutant cet air de manège, qui est brillant, du reste, les chevaux ne présentaient, dans leurs ressorts, aucune flexibilité; leur raideur, celle de l'encolure particulièrement, était évidente, et, lorsque je demandai si ces chevaux allaient du passage au piaffer, c'est-à-dire du trot cadencé au trot sur place, on me répondit que non. En effet, avec des chevaux se maintenant ainsi contractés, la transition du passage au piaffer était de toute impossibilité.

Le passage, tel que je l'ai vu exécuter, présente un brillant qui peut frapper le public; mais je me demande en quoi cet air de manège, dans lequel les chevaux semblaient routinés et qu'ils exécutaient, en quelque sorte, d'une manière machinale et tout automatique; en quoi, dis-je, cet air de manège peut-il servir de moyen de perfectionnement pour l'instruction équestre des officiers? Si c'est là l'expression de ce qu'on appelle « la haute école », ce n'est pas, à coup sûr, une application de l'équitation savante, et les deux ne doivent faire qu'un.

La chasse occupe une très grande place dans l'instruction équestre, à l'école de Hanovre. Cet exercice qui, à une époque de l'année, se renouvelle trois fois par semaine, est gradué depuis un parcours de deux kilomètres jusqu'à une durée qui, par suite des exigences mêmes de la chasse, atteint parfois huit heures.

Au début, pour régler la durée et le parcours de la chasse comme on l'entend et pouvoir entrainer ainsi progressivement hommes et chevaux, on emploie la chasse à la traîne (*drag*), ce qui permet de déterminer exactement le chemin à suivre et la limite de la chasse. La traîne est préférable aux petits papiers, qui n'offrent pas l'animation que donnent les chiens. En outre, au lieu de regarder à leurs pieds, comme cela est nécessaire lorsque la piste à suivre est tracée par des morceaux de papier, les cavaliers, quand ils suivent les chiens, regardent au loin et s'habituent ainsi à voir le terrain et à en juger.

Pour conserver un certain ordre pendant la chasse, les cavaliers sont placés sur huit de front, mais ce rangement n'est pas rigoureusement observé.

Un capitaine est spécialement chargé des chasses. C'est le même capitaine depuis six ans. Quatre sous-officiers sont employés comme piqueurs. L'un d'eux, leur chef direct, occupe l'emploi depuis huit ans et doit le conserver.

La meute se compose de 80 chiens, anglais pour la plupart. On chasse le sanglier, le renard et le cerf. Lorsque les cours sont terminés et que les officiers sont en congé ou retournés à leurs régiments, la meute est divisée et prêtée aux régiments voisins.

En résumé, d'après ce que j'ai vu et surtout entendu dire, à Hanovre, l'équitation reçoit une fort bonne direction pour tout ce qui est travail d'extérieur, sauts d'obstacles, chasse surtout. Mais je ne saurais en dire autant de la haute école.

II

Aperçu sur quelques écuries princières.

Le haras de Trakehnen fournit la presque totalité des chevaux figurant dans les écuries impériales. En 1848, lorsque les haras de Trakehnen, Graditz et Bebereck passèrent de l'administration de la Couronne à celle de l'Etat, le souverain se réserva le privilège de choisir, chaque année, quarante chevaux dans ces trois haras, pour remonter ses écuries. L'an dernier (1), sur les quarante chevaux, trente furent pris au haras de Trakehnen; c'est dire la supériorité de ses produits.

Les chevaux d'attelage de l'empereur d'Allemagne sont de robe noire. Les chevaux de selle des écuries impériales présentent des robes variées.

Les écuries impériales sont sous la direction de S. E. le vice-Grand-Écuyer von Rauch. C'est le comte Pückler qui est Grand-Écuyer. Devenu pres-

(1) Écrit en 1885.

que aveugle, il conserve le titre de Grand Écuyer, bien que ne pouvant plus en remplir les fonctions (1).

S. E. M. de Rauch est un grand et beau cavalier, montant, même au dehors, ses chevaux dans la cadence et la mesure qui caractérisent le travail de manège de l'écuyer. Sa réputation le signale surtout comme étant grand connaisseur en chevaux. Il vint en France étudier l'organisation des écuries impériales, alors que le général Fleury était Grand Écuyer, et il établit les écuries de la cour de Prusse sur un pied à peu près semblable.

J'ai visité les écuries du roi de Wurtemberg, qui devaient comprendre 150 chevaux et qui n'en contiennent aujourd'hui que 120. Ces écuries ne sont plus à hauteur de la réputation qu'elles atteignirent jadis, mais elles en conservent encore le reflet. Le précédent roi, mort à plus de quatre-vingts ans, avait la passion des chevaux, et une prédilection marquée pour le cheval arabe. Le haras de la couronne, situé à courte distance de Stuttgart, fournit, presque seul, les chevaux des écuries du roi. Sur les six étalons, véritables tableaux, que j'ai exami-

(1) Très peu de temps après que ces lignes furent écrites, le comte Pückler, en raison de ses infirmités, dut se démettre de sa charge de Grand-Écuyer. C'est M. de Rauch qui lui succéda.

nés, un seul vient directement de Syrie; cinq sortent du haras du roi. Ces derniers, par la suprême distinction, l'harmonie des formes, rappellent en tout point leur noble origine. L'un d'eux joint au cachet de sa race un gros qui en est rarement le partage, et l'ensemble des qualités que présente ce cheval en fait un étalon de la plus haute valeur. Ces étalons sont de petite taille, mais leurs produits, beaucoup plus grands, justifient le proverbe, vrai surtout pour l'étalon arabe : « Il vaut mieux consulter la hauteur du sac d'avoine que la taille de l'étalon. »

J'ai vu aussi, dans les écuries du roi, deux étalons de pur sang achetés en Angleterre. Ces deux chevaux se font remarquer par leur gros plutôt que par leur distinction et ne représentent que des étalons de croisement. Ils sont de robe noire, tandis que les étalons arabes sont tous de robe grise. Tous les chevaux des écuries du roi sont noirs ou gris. Je demandai au Grand-Ecuyer pourquoi les chevaux d'autres robes étaient exclus; il me répondit que c'était pour l'harmonie des couleurs, la livrée royale étant écarlate.

Tous les chevaux des écuries du roi se font remarquer par leux extrême douceur. Un seul fait exception, et également par sa robe, qui est alezane. Ce cheval, pur sang anglais, est venu par circonstance dans les écuries royales. Il sort des écuries du prince héritier.

Le Grand Écuyer de la cour de Wurtemberg, comte de Taubenheim a trois écuyers sous ses ordres immédiats. Il est en possession de ses fonctions depuis quarante ans et a aujourd'hui plus de quatre-vingts ans. C'est encore un magnifique cavalier, dont la position à cheval rappelle celle de nos anciens écuyers, de Laurent Franconi particulièrement, mort il y a plus de trente ans et qui est resté, dans la mémoire du Grand Écuyer de Wurtemberg, comme un type accompli.

Le comte de Taubenheim est élève de la célèbre école d'équitation de Gœttingue (Hanovre), qui était alors la première école d'Allemagne et dont le renom n'était dépassé, en Europe, que par celui de notre école de Versailles, dirigée par les d'Abzac. Le manège de Gœttingue, transporté ensuite à Hanovre, a été illustré par les écuyers les plus célèbres d'Allemagne : Ayrer, le général Mayer (dont le fils, aujourd'hui capitaine, est chargé du dressage des chevaux de selle de l'empereur), les majors Kampe, Schweppe. Ce dernier, le plus remarquable de tous peut-être, vit encore. Il a résisté aux avances qui lui ont été faites, après 1866, pour entrer dans les écuries du roi de Prusse et vit dans la retraite à Hanovre, fidèle au souvenir de son roi, dont il a été le dernier écuyer. Le comte de Taubenheim passa de Gœttingue à Vienne, où il fréquenta pendant un an le manège de l'École espagnole, dont j'ai parlé ailleurs avec détails.

Le manège des écuries royales de Stuttgart rappelle, sous certains rapports, le manège espagnol de Vienne, bien qu'établi avec moins de luxe que ce dernier. Ainsi une galerie, destinée aux spectateurs, en fait tout le tour et sous cette galerie se trouve un couloir où les chevaux peuvent circuler, mais ce manège n'a pas la tribune-salon de celui de Vienne. Des lustres permettent d'y donner des fêtes de nuit. L'une de ces fêtes, donnée il y a plusieurs années et dans laquelle figuraient les chevaliers opposés aux Maures, a eu, dans le pays, un grand retentissement. L'une des particularités du manège de Stuttgart consiste dans l'élévation du garde-botte. Sa hauteur répond à l'épaule du cavalier. Les garde-botte des manèges de Hanovre se font aussi remarquer par leur hauteur, qui est moindre toutefois, ne dépassant pas les épaules d'un homme à pied.

J'ai vu à Hanovre des chevaux de robes à peu près inconnues en France et provenant des écuries du feu roi. Ce sont des chevaux blancs, mais du blanc de lait le plus pur, sans aucun mélange d'autres poils, et des chevaux café au lait très clair. Les uns et les autres sont dénués de poils aux ouvertures naturelles, au pourtour des paupières particulièrement ; leurs yeux sont de nuance claire et ils représentent, en quelque sorte, les albinos de l'espèce. La destination de ces chevaux était de former les attelages des voitures de gala. Ils ont la taille, le volume, la prestance que réclame ce service. Les chevaux blancs, beaucoup plus beaux que les café au lait, se font remarquer par le soyeux et la longueur de leurs crins. La crinière tombe au-dessous du coude et la queue touche la litière. Ces chevaux proviennent d'étalons arabes et de juments danoises. Il est à remarquer que la consanguinité amène, à la longue, une altération de la robe qui perd son blanc si éclatant, pour prendre une nuance légèrement jaunâtre. Il faut alors, pour rendre à la robe tout son éclat, rafraîchir le sang et avoir recours à de nouvelles juments danoises. L'écurie, que j'ai visitée et qui est celle du palais du roi de Hanovre, contient dix chevaux blancs, dont deux sont employés comme étalons, et huit chevaux café au lait. L'un de ces derniers, qui fait encore la monte, est âgé de vingt-quatre ans. Tous ces chevaux sont de la plus grande douceur. D'autres chevaux, de même espèce, et que je n'ai pu voir, se trouvent disséminés dans les fermes avoisinantes. Les uns et les autres, comme tout ce qui appartient au duc de Cumberland dans le royaume du Hanovre, sont placés sous séquestre.

A Vienne, j'ai vu dans les écuries impériales un rang de ces chevaux café au lait qui avaient été donnés à l'empereur par le roi de Hanovre. Pas un seul étalon n'y figurait, le roi ne voulant pas qu'en dehors de Hanovre la race pût se perpétuer. Les écuries impériales d'Autriche renferment également des chevaux blancs, se rapprochant sensiblement de ceux dont je viens de parler. Ils ont même destination, mais peut-être moins de noblesse et de finesse de crins. Ces écuries comprennent aussi des chevaux complètement noirs, du même modèle que les blancs, moins distingués, et qui se signalent par la longueur, l'abondance, mais non la finesse de leurs crins. Ces chevaux sont destinés aux voitures de deuil. Ils sortent, ainsi que les blancs, du haras de Kladrubb, situé en Bohême et appartenant à l'empereur. L'autre haras appartenant à Sa Majesté, le haras de Lippiza, situé près de Trieste, ne fournit aucun cheval de ce genre. Ce dernier haras est exclusivement réservé au sang arabe et à cette race espagnole, conservée avec tant de soin, dont j'ai parlé à propos de l'école espagnole d'équitation. Les chevaux de

Lippiza, non seulement fournissent la remonte de l'école espagnole, mais ils trouvent encore leur place dans d'autres catégories des écuries impériales, particulièrement dans l'escadron des gardes à cheval, qui est remonté, en grande partie, en chevaux de cette provenance.

TABLE DES MATIÈRES

CHAPITRE PREMIER

CHAPITRE II

CHAPITRE III

CHAPITRE IV

CHAPITRE V

CHAPITRE VI

CHAPITRE VII

CHAPITRE VIII

CHAPITRE IX

CHAPITRE X

CHAPITRE XI

APPENDICE

PARIS. TYP. — PLON-NOURRIT ET Cie, 8, RUE GARANCIÈRE. — 7996.

A LA MÊME LIBRAIRIE

Un Officier de cavalerie. **Souvenirs du général L'Hotte.** 3e édition. Un vol. in-16 avec un portrait . . . . 3 fr. 50

Dressage et Menage, par M. le comte DE COMMINGES, capitaine au 15e chasseurs. Dessins de CRAFTY. 2e édition. Un vol. in-8°. Prix . . . . 6 fr.

Le Cheval. Soins pratiques, par M. le comte DE COMMINGES, 7e édition. Un vol. in-18 illustré. . . . . 3 fr. 50

Les Races de chevaux de selle en France. *Comment et où on achète un cheval de selle,* par M. le comte DE COMMINGES. Un fort vol. in-16 . . . . 5 fr.

Équitation. Définitions, Principes et Conseils applicables à toutes les méthodes, par M. Jean DES COURTILS, lieutenant de cavalerie, instructeur à l'École spéciale militaire. Un vol. in-8° anglais . . . . 2 fr. 50

Principes élémentaires d'équitation, par Mme la duchesse DE FITZ-JAMES. Un vol. album in-4° oblong . . . . . . 10 fr.

Remarques sur les chevaux de guerre, par un ancien soldat (Alexandre GAUME). Un vol. in-18. . . . . 3 fr.

Souvenirs d'un cavalier du second Empire, par le capitaine H. CHOPPIN. Un vol. in-18. . . . . 3 fr. 50

Souvenirs militaires d'un officier français (1848-1887), par le colonel Ch. DUBAN. 2e édition. Un vol. in-18. . . . 3 fr. 50

Les Souvenirs du général baron Paulin (1782-1876), publiés par le capitaine du génie PAULIN-RUELLE, son petit-neveu. Un vol. in-18. . . . . 4 fr.

Mes Souvenirs, par le général DU BARAIL.
Tome I. 1820-1851. 14e édit. In-8° avec un portrait. . 7 fr. 50
Tome II. 1851-1864. 13e édit. In-8° avec un portrait. 7 fr. 50
Tome III. 1864-1879. 12e édit. In-8° avec un portrait . 7 fr. 50

Le Soldat impérial (1800-1814). Tome Ier. *Le Recrutement. — Le Matériel. — L'Instruction. — La Solde. — Les Vivres. — L'Administration,* par Jean MORVAN. Un vol. in-8°. . . 7 fr. 50
Tome II. *La Vie en campagne. — La Bataille. — La Mortalité — Les Prisonniers — Les Récompenses. — Le Moral.* Un vol. in-8° . . . . 7 fr. 50
(Couronné par l'Académie française, prix Thérouanne.)

L'Armée nouvelle. *Ce qu'elle pense, ce qu'elle veut,* par le capitaine JIBÉ. Un vol. in-16. . . . . 3 fr. 50

L'Armée et les forces morales, par le capitaine RICHARD. Un vol. in-16. . . . . 3 fr. 50

Mes Souvenirs. — **La Guerre contre l'Allemagne** (1870-1871), par le général baron FAVEROT DE KERBRECH. Un vol. in-16. Prix . . . . 3 fr. 50

PARIS. TYP. PLON-NOURRIT ET Cie, 8, RUE GARANCIÈRE. — 7873.

www.ingramcontent.com/pod-product-compliance
Ingram Content Group UK Ltd.
Pitfield, Milton Keynes, MK11 3LW, UK
UKHW022052260726
13993UKWH00001B/58